-한기언교육학전집-

나의 교육신조 25

-한기언교육학전집-

나의 교육신조 25

55

한기언 지음 / 한용진 엮음

머리말

이 작은 책은 나의 다년간의 지론(持論)인 "기초주의란 무엇인가?" 또는 "우리는 어떻게 살아가야 할까?"에 대한 단상(斷想)이다. 이를 『나의 신조 25』라는 제목으로 모두 25장에 걸쳐 적어 본 것이다.

여기에 쓴 내용은 '단상'이라는 말 그대로, 제목 따라 내가 생각나는 대로 써 본 것이다. 따라서 어떤 학술논문 쓰듯이 치밀한 계획과 풍부한 자료 제시 등을 통해 논지를 밝혀내고 있지는 못하다. 다만 여기에 쓴 내용은 숨김없는 나의 생각이니, 훗날 이를 읽어보는 사람들이 잘 살펴본다면 내가 생각하는 신조가 어떠한 것인지 보다 명확하게 밝혀질 수 있을 것임에는 틀림이 없다.

솔직히 말해서 만 84세가 된 은퇴 학자의 무딘 글솜씨와 말투가 익숙하지 않을 것이다. 나는 이 엄연한 사실을 숨기려 하지 않겠다. 하지만 이런 조잡하고 서투른 생각 가운데서도 만에 하나 독자들에게 어떤 시사하는 바가 있다면 천만다행이라 하겠다.

2009년 1월 24일
서울대학교 명예교수 청뢰(淸籟) 한 기 언

엮은이 서문

이 소책자는 2010년 2월 4일에 돌아가신 청뢰 한기언의 첫 번째 유고집이다. 평소의 지론으로 밥상머리 교육을 통해 자주 듣던 얘기들이지만, 막상 이렇게 '나의 신조 25'라고 정리해 놓고 보니, 청뢰 선생이 이 세상에 남기고자 하였던 것이 무엇이었는가를 보다 분명하게 알 수 있을 것 같다. 평소에도 자신의 생각을 문자로 적어 놓는 것을 소중하게 생각하셨는데, 이는 바로 "구슬이 서 말이라도 꿰어야 보배다."라는 신조와도 통할 것이다.

세상을 떠나기 이틀 전까지도 주변에 있는 종이에 무엇인가를 적어 놓으실 정도의 기록에 대한 애착은, 스스로가 기초주의에서 말하는 '역사적 의식인'의 삶을 실천하고자 하셨기 때문이라 생각된다.

마침 2012년 9월 3일은 기초주의연구원 창립 20주년이 되는 해이다. 그리고 올해 10월은 기초주의 탄생 55주년이기도 하다. 이를 기념하며 첫 번째 유고집으로 일단 가제본 형식이나마 가족들이 추석을 맞아 돌려 읽을 수 있는 소책자 20권을 만들어 세상에 내놓아 본다. 내년 3주기에는 이 책자가 제대로 제본된 책으로 만들어질 수 있기를 기대해 본다.

2012년 8월 31일
기초주의연구원장 만공(萬公) 한 용 진

개정판 서문

신조(信條)란 "굳게 믿어 지키고 있는 생각"이다. 이 책은 청뢰 한기언 선생이 '인생의 신조'로 삼고 있는 25개 조항을 당신이 돌아가시기약 1년 전인 2009년 1월 24일에 정리한 글이다. 만 84세의 나이에도 끊임없이 자신의 삶을 돌아보며 기초주의의 심화를 위해 꾸준히 정리하고 글로 남기는 작업을 쉬지 않으셨다. 원래 이 책은 앞의 서문에 적어놓은 것처럼 2012년에 기초주의연구원의 이름으로 가족들끼리 돌려보기 위해 가제본 형식으로 간행한 적이 있다. 그리고 이제 청뢰선생 10주기를 맞아 한국학술정보[주]에서 <한기언교육학전집> 제55권으로 다시금 세상에 빛을 보게 되었다.

2012년 가제본 책자의 제목은 『나의 신조 25』였으나, 이번에 『나의 교육신조 25』로 제목을 수정해 보았다. 교정 과정에서 도움을 준 마상룡 선생의 의견을 반영한 것이다. 어머께도 여쭤보니 '나의 신조'보다 '나의 교육신조'가 훨씬 내용을 잘 반영하고 입에도 잘 붙는다고 하시니, 마음 편히 제목을 바꿀 수 있었다. 원래 '나의 교육신조'라는 표현은 존 듀이가 1897년에 쓴 My Pedagogic Creed라는 제목과도 관련이 깊다. 청뢰 선생은 듀이의 글을 "나의 교육학적 신조"로 번역하여 『교육학개론』(법문사, 1979초판; 1986: 446-471)에 한영 대조로 실은 적이 있을 정도로 듀이 교육철학에 대한 관심이 많았다.

이 책을 보면 종종 반복되는 출전 내용이 적혀있다. 요즘 연구윤리에 따르면 '자기표절'로 보일 수도 있다. 이러한 중복 게재에 대한 변명으로 과거 우리나라의 출판 사정이 열악했기에 한번 절판된 책의 내용은 다시 독자들을 만나기 어려웠다는 이유를 들었던 적이 있다. 하지만 이 책에 실린 '교육신조 25'는 그러한 이유보다는 기존에 나와 있던 내용들을 '단순화'시켜 기초주의 교육철학을 좀 더 많은 사람들에게 알려주기 위한 의도였다고 생각된다.

한 사람의 일생을 관통하는 개인적인 신조이지만, 그 내용은 '기초주의 교육철학'의 핵심적인 원리와 근거를 담고 있는 보편적인 것이라 생각된다. 특히 제1조 '멋'은 한국인의 생활철학에서 끄집어낸 기초주의의 핵심어인 기초의 다른 표현이다. 특히 제17조 '범사에 감사하라'에 실려 있는 공개적 유언(遺言)은 세상 떠나기 12년 전인 1998년에 미리 작성해 놓은 것으로, "육체는 후손에 의하여 이어지고, 사상은 후학에 의하여 이어진다."라고 되어있다. 그렇기에 나이 들어가는 것조차도 "이제껏 경험해 보지 못한 것을 경험할 수 있게 되어 감사하다."고 하시며, "언제 세상을 떠나도 전혀 여한이 없다."고 평소에 말씀하신 것도 바로 이러한 이유이다.

이 책자를 편집하면서 기초주의 교육철학의 사상적 후학 반열에 한 걸음 더 가까이 가는 기회가 되었다고 자부해 본다. 어려운 여건 속에서도 이 책자의 간행을 허락해주신 한국학술정보[주]와 청뢰 선생 10주기 행사에 맞춰 간행될 수 있도록 노력해 주신 편집부의 모든 분들에게도 충심으로 감사드린다. 드디어 2020년 경자년(庚子年)이 밝았다. 올해는 쥐와 같은 부지런함 속에서 『나의 교육신조 25』 중 단 몇 가지라도 나의 삶 속에서 철저하게 실천해 보는 한 해가 되고자 다짐해 본다.

2020년 1월 1일
기초주의연구원장 만공(萬公) 한 용 진

차 례

제1조
멋

  우리 말 가운데 가장 내가 아끼고 귀하게 여기는 말 하나를 골라보라고 한다면, 나는 '멋'이라는 말을 꼽고 싶다. 사실 나는 오랫동안 한국인 형성의 핵사상이요, 한국인의 생활철학을 나타내는 말을 찾던 중 마침내 자신 있게 꼽게 된 말이 '멋'이었던 것이다.

  이에 관하여 쓴 논문이 "「멋」의 교육철학적 신석(新釋) - 발전과 통정의 율동적 자기 전개-"(『교육철학연구』 IX-2, 한국교육학회, 1971, 5-27)이다. 이 논문을 쓰기까지 나 자신도 고민이 많았다. 왜냐하면, 학술논문의 경우 선행 연구한 논문이 많을수록 그것과의 관계에서 비판과 논증 전개가 쉬운 것인데, 유독 '멋'의 경우는 본격적인 학술논문을 찾아보기가 힘들었다. 오직 조지훈(趙芝薰)의 "멋의 연구"가 있을 뿐이어서 당황스러웠다. 이에 반하여 수필로는 '멋'을 다룬 글들이 여러 편 있어서, '멋'은 수필의 제재 영역에 머물러 있다는 느낌을 받았다.

  여기서 나는 생각하였다. 말에는 옛날에는 쓰였으나 지금은 문헌상으로만 있고, 일상생활에서 쓰이지 않는 '죽은 말[사어(死語)]'이 되다시피 한 것이 있는가 하면, 이와 반대로 예부터 써 오면서도 문헌상으로는 찾아보기 어려운 '살아 있는 말[생어(生語)]'이 있다는 생각이었다. 결국 '멋'은 문헌상으로는 찾기 어려우나 현재까지도 우리 일상생활에서 빈번하게 사용되고 있으며, 살아 있는 말이란 결국 살아 있는 정신이니, 문헌이란 지금부터라도 본격적인 논문을 한 편 한 편 써 가면 그 수효가 늘 것이다. 죽은 말이 아닌 살아 있는 말인 '멋'이야말로 중요한 말이요, 그 뜻을 생각해 보니, 이 말이야말로 한국인의 생활철학을 나타내는 말이요, 한국인 형성의 핵사상이라는 굳건한 신념을 지니게까지 되었다. 이리하여 우선 나부터가 한편이라도 더 논문을 쓰면 '멋'에 관한 문헌이 늘게 될 것이 아닌가 하고 생각하게 되었다.

위의 논문은 그 후 원고 청탁이 있어서 일본어로도 발표되었다. "韓国人形成の核思想 ― 'モッ'(멋)の教育哲学的解析 ―"(『韓』I-12, 東京: 韓國研究院, 1972)가 그것이다. 최서면(崔書勉) 원장의 요청에 의해 작성된 것이었다.

'멋'에 대하여 내가 처음으로 다룬 것은 『한국교육의 이념』(서울대학교출판부, 1968)에서였다. 그 책에 게재한 「한국교육이념의 구조도」에서 '기초주의'가 곧 '멋'임을 제시했었다. 또한, 『한국교육사상연구』(서울대학교출판부, 1969) 중 첫 장에서도 언급한 바 있다. 후자는 나의 은사님이신 학현 김계숙(鶴峴 金桂淑, 1905-1989) 박사께서 많은 관심과 아울러 좀 더 구체적인 설명이 있기를 바라는 말씀이 있었기에 훗날 쓴 것이 1971년의 논문이었다. 나의 '멋'에 대한 논의는 그 후도 꾸준히 계속되었다.

이보다 앞서 마침 1969년 일본 히로시마대학교 교육학부 대학원 과정에서 행한 강의안 「韓國敎育の理念(한국교육의 이념)」(日文)에서는 그들의 관심이 '멋=モッ'에 집중되었는데 이것은 매우 흥미 있는 일이라고 보았다. 또한 1970년에 일본 국립교육연구소에서 행한 강의안 「韓國敎育の現狀と未來(한국교육의 현상과 미래)」(日文)에서도 자연 '멋'에 대해서 언급하였는데, 그것이 매우 인상적이었다는 증좌(證左)로는 1971년 내한한 일본 무사시대학(武蔵大學)의 와타나베 마나부(渡辺学) 교수를 만나자 그 제일성(第一聲)이 '멋=モッ'이었다는 것이다. 이를 보아도 이 '멋'이라는 말이 얼마나 중요한 말인가를 새삼 느끼게 한다.

한편 국내에서는 한국교육사연구회 창립 2주년 기념 주제 강연에서

「한국교육사상의 기저(基底) - 자유의 이념과 멋의 교육철학」(1969.7.13),
한국교육학회 제9회 학술연구발표대회 주제 강연 "사회변천과 도
의교육"을 비롯하여 흥사단 금요 강좌에서 "멋의 교육철학적 구조"
(1970.10.30)라는 제목으로, 또 서울여자대학 창립 10주년 기념 심포
지엄에서 "교육에서 본 한국인의 생활철학"(1971.5.19), 춘천교육대학
에서 행한 강연 "한국교육의 과거·현재·미래 -교육사상을 중심으로-"
(1971.6.2)에서 '멋'에 대하여 언급하였다.

이를 통해 서울여대의 고황경(高凰京) 학장은 처음에 이른바 '겉멋'
이라고 할 성질의 것과 혼동됨을 염려하여 약간 주저하는 듯 보였다
가, 결국 '기초=멋'이라는 관계에 동의해주었고, 최태호(崔台鎬) 학장
의 경우는 당신께서도 일상 학생들에게 '멋'에 대해 강조해 왔던 터
인데 교육에서도 그것을 정식으로 다루게 될 줄은 몰랐다고 하면서,
'맛→멋'의 관계에서 장차 '맛'에 관한 저술을 하나 완성하겠다고 하시
며 '한국의 맛'에 관한 깊은 조예(造詣)를 보여주셨다. 이렇게 볼 때,
흔히 우리 특유의 말이라고 일컬어지는 이 '멋'이라는 단어는 매우 중
요한 것임이 틀림없다고 하겠다.

신학에서는 일찍이 윤성범(尹聖範) 박사에 의한 "한국 신학 방법론
서술"(1961.12)이 있음을 장철우(張哲宇) 목사를 통하여 흥사단에서 강
연한 후 알게 되었고, 또 책자도 기증받았다. 거기에는 '감 + 솜씨 = 멋'
으로 되어 있었다. 나는 여기에 '마음씨'를 넣어 '감 × 마음씨 × 솜씨 = 멋'
으로 하여, '멋'이 본질임을 명시하였다. 이는 또 '재료 × 의지 × 기술 = 멋
(창조)'이라 나타낼 수 있으며, '정수(精髓) × 정조(情操) × 우아(優雅) =
창조(멋)', 'Essence × Sentiment × Elegance = Excellence(Mutt)', '전통 ×
주체 × 개혁 = 기초(기초주의): 멋'으로도 표현하고 있다.

1988년에 간행된 『한국인의 교육철학』(서울대학교출판부)은 어떤
의미에서는 '멋'이 중심 과제가 된 저서였다. 나는 이 책에서 '멋'의 특
성으로 다음 7가지를 제시하였다.

첫째, 교육원리로서의 멋: 나는 『한국인의 교육철학』이라는 책의 이름을 당초에 『멋의 논리 - 한국인의 교육철학』이라고 생각한 바 있었다. 그 까닭은 그만큼 '멋'이라는 말이 곧 '교육원리로서의 멋'이기도 함을 강조하고 부각하고 싶었기 때문이다. 사실 '교육원리'는 한동안 교직과목 이름으로도 널리 쓰인 말이다. 그러나 진정 교육원리란 무엇이며, 이를 단적으로 표시할 수 있는 단 한 마디가 있다면 그것은 무엇일까? '멋'이라는 말이 매우 잘 어울릴 것만 같다. 왜 '멋'이라는 말이 교육원리를 단적으로 표시하는 말로 적합하다는 것일까? 이하 제시하는 몇 가지 멋에 대한 해석은 그것을 어느 정도 해명해 줄 것으로 본다.

둘째, 창조의 논리로서의 멋: 멋이 무엇인가를 생각할 때, 사전에는 "멋이란 사물의 진리이며 풍치스러움"이라고 간단히 풀이하고 있다. 그간에도 멋은 대개 수필의 제재로 자주 쓰여왔다. 본격적인 논문으로는 앞에서도 지적하였듯이 조지훈의 "멋의 연구"가 거의 유일할 정도이다. 그러면서 멋의 이해는 아름다움의 관념(觀念)만으로는 남아 돌아가는 그 무엇임이 조지훈의 결론이기도 하다. 사실 그렇다. 우리가 자기도 모르게 "참 멋있다."라고 입 밖에 내는 신음과 같은 그 '멋'이라는 말이 어떤 경우 어떤 성질의 것인가를 생각해 볼 필요가 있다고 본다. 멋은 모방이나 모조가 아닌 진짜 창조(創造)에 관해서 쓰는 말이다. 그러기에 멋이 창조라는 것은 '감 × 마음씨 × 솜씨 = 멋[창조(創造)]'의 등식(等式)으로 표시할 수가 있을 것이다.

여기서 감이란 소재(素材)요, 재료(材料)이다. 마음씨란 정조(情操)를 말하는 것으로서 인간의 감정 중에서 예술적 · 종교적 · 학문적 고등 감정에 속하는 것을 가리킨다. 다음으로 솜씨는 표현이라든가 기술을 뜻한다. 이러한 세 가지 요인이 곱해진 결과가 창조요, 멋인 것이다. 그러기에 창조의 논리로서의 멋을 말하게 되는 것이다.

셋째, 한민족의 정신적 결정체(結晶體), 즉 얼로서의 멋: 1968년 제정 공포된 「국민교육헌장」 초안에는 '멋'과 '얼'이라는 말이 있었다.

이때 나는 멋이라는 말이 들어 있는 데 대하여 비상한 관심을 가지고 지켜보게 되었다. 말할 것도 없이 이미 나는 『한국교육이념』에서 한국 교육이념의 구조도를 통하여 '멋'이라는 말과 '얼'이라는 말을 쓰고 있었기 때문이다. 그러나 심의 과정을 통하여 그 경유는 분명치 않으나 '얼'이라는 말만이 '조상의 빛난 얼'이라 하여 본문 속에 남고, 이보다도 더 중요한 우리 말인 '멋'은 보이지 않게 되었다.

'얼'이란 '혼(魂)'을 뜻하는 것으로, 이른바 중국혼이니 인도혼, 영국혼, 미국혼 등등으로 표시된다. 한국혼 역시 한국인의 얼을 말하는 것이다. 그러나 실제로는 혼이니 얼이니 Soul이니 Spirit니 하여도 여전히 그 실체가 명확하지 못하다. 그러기에 각국의 얼을 나타내는 것은 고유명사로 쓰이고 있다. 중국혼은 인(仁)으로, 인도혼은 아트만(Atman), 영국혼은 젠틀맨쉽(Gentlemanship 또는 불굴성)으로 표현하는 것이다. 그러면 한국혼은 무엇이라고 표현해야 할까? '멋'이라고 해야 좋을 것이라 생각된다.

그런데 '멋'이 차차 밝혀지듯이 대단히 훌륭한 이상체(理想體)라면, 어떻게 우리나라처럼 심한 역사적 고난을 수없이 겪어온 민족에게 그렇게 좋은 것이 있을 수 있는가 하고 의아해하는 사람들이 있다. 나는 이 경우에 하나의 비유를 들어 설명하고 있다. 아시는 바와 같이, 다이아몬드와 숯은 똑같이 탄소(炭素)가 주성분이다. 그러나 전자와 후자가 다른 것은 전자인 다이아몬드는 엄청난 땅의 압력을 받은 결과 결정(結晶)을 이루었기 때문이다. 우리의 '멋' 역시 이루 감당하기 어려울 만큼 엄청난 역사적 시련을 통하여 연단(鍊鍛)된 결과로서, 한민족의 정신적 결정체가 곧 '멋'인 것이다. 이를 가리켜 한국인의 얼이요, 한국혼이라고 하는 것이다. 그러므로 고유명사를 사용한다면 '멋'이라고 해야 할 것이다.

넷째, '홍익인간의 이념'으로서의 멋: 우리나라 「교육기본법」 제2조(예전에는 「교육법」 제1조)에는 한국교육의 이념으로서 '홍익인간의 이념'이라는 말이 명시되어 있다. 이것은 자세히 읽어보면 '인류 공영의 이상실현'이라는 말과 대구(對句)가 되어 있음을 알 수 있다. 여기에는 그 나름의 내력이 있다. 「교육법」 제정 당시 분과 회의에서는 '홍익인간의 이념'을 넣지 않고 있다가 전체 회의에서 지적이 되어 뒤늦게 넣게 된 결과이다. '홍익인간의 이념'이 지니는 진가(眞價)를 모르고 있었다고 하리라. 그러나 그 후에도 이에 대한 이해는 충분치 못한 상태이다. 사실 '홍익인간'으로 말하면 교육적 인간상 내지 이상적 사회상이라는 뜻을 가지고 있다. 그러므로 '홍익인간의 이념'이라고 할 때, '이념' 자체를 가리키는 고유명사가 분명히 드러나야만 한다. 그것을 나는 '멋'이라고 본다. 이것이 곧 '홍익인간의 이념에 대한 새로운 해석'의 입장이다. 이에 대하여 언급한 논문이 "한국교육이념의 재조명"(「사대논총」 제32집, 서울대학교 사범대학, 1986)이다.

다섯째, 한국인의 마음으로서의 멋: 누군가가 나에게 "한국인 형성의 핵사상이 무엇이냐?" 하고 물으면, 나는 '멋'을 말한다. 그리고 다시, "한국인의 마음이 무엇이냐?" 하고 물으면, 역시 나는 '멋'을 말할 수밖에 없다. 멋은 곧 한국인의 고등감정, 즉 정조(情操)를 나타내는 고유명사이다. 한국인의 마음이 훈훈한 마음씨라고 하면 그는 곧 멋이 무엇인가를 나타내는 것이라 하겠다.

여섯째, 인물 평가의 기준으로서의 멋: 우리나라 사람들은 어떤 사람을 평가할 때 여러 가지 표현을 사용한다. 그러나 "아무개는 멋있는 사람이다."라고 했다면, 그 사람은 더 말할 나위가 없는 사람인 것이다. 최고 평점을 받은 사람이기 때문이다. 아무리 여러 가지 재능을 가지고 있어도, "쩨쩨한 사람이다, 여유가 없는 사람이다."라고 하여, '멋없는 사람'으로 낙인이 찍히면 별수 없는 것이다.

사실 영어로 표시하는 평점에도 'Good'이니 'Well'이니 'Excellent'라는 말이 있다. 엑설런트라는 말은 수월(秀越)이니 탁월(卓越)이니 하느니만큼 최고점을 표시한다. 멋이 바로 그와 같은 Excellent요, 최고점을 나타내는 평가어인 것이다. 그리고 우리는 보통 '멋있는 사람'이라 하여 인물 평가의 기준으로 멋을 사용하고 있다.

일곱째, 최고가치체로서의 멋: '멋'이라는 말이 굉장한 말이요, 고귀한 말임을 별로 느끼지 못하는 학생이 있음을 알고 즉석에서 고안해 낸 말이 하나 있다. 멋이란 '單一回性的最高價値志向顯現體(단일회성적 최고가치지향 현현체)'라고 흑판에 써 보았다. 이렇게 길고 딱딱한 문장을 칠판에 한자로 쓰고 보니, 그제야 학생들 역시 관심을 두는 것이었다. 사실 멋이란 구체적으로는 단 한 번밖에 나타날 수 없는 '최고가치체'인 것이다.

이 세상에 똑같은 최고가치체가 반복해서 나타나도 사람들은 멋있다고 하지 않는다. 오직 신기록, 새로운 최고 경지, 그러한 의미에서 최고가치체에 대해서만 멋이 있다고 생각한다.

이렇듯 우리 민족은 멋과의 관계에서 인간형성을 이루어 왔다. 여기에서 한국인의 교육철학을 찾아볼 수 있다. 나는 오랜 세월을 통하여 한국인 형성의 핵사상이 무엇인가, 감히 한국인의 교육철학이라고 말할 수 있는 한민족의 정신적 결정체가 무엇인가를 추구해 왔다. 그것을 나의 가슴 속에서 데워가며, 머릿속에서 실마리를 풀어가며, 피부로 검증했다. 그리고 마침내 찾아낸 것이 '멋의 논리'이다.

그러나 이것은 없던 것을 만들어낸 것이 아니다. 있던 것을 찾아낸 것일뿐이다. 그것도 겨우 이제 찾기 시작한 것이다. 따라서 앞으로 이 멋이라는 다시 없는 한국사상의 결정체는 손질하는 손길에 따라 더욱 그 진가가 드러나고, 광채를 발휘하게 될 것이다. 그뿐만 아니라 이것은 한국인 형성의 핵사상체이기에 앞으로 태어나는 수많은 한국인 후세들에 의하여 빛나는 역사성이 가미(加味)됨으로써 영롱한 광채를 온 세상에 빛나게 하리라고 보는 것이다.

이 '멋'이야말로 바로 '기초주의'임을 지적한 글이 있기에 소개하면 다음과 같다. 1976년 일본 국제교류기금 초빙교수로 1개월간 여행 중 도쿄(東京) 한국연구원 방문을 계기로 즉석 강연을 한 것인데, 와타나베 마나부(渡辺学) 교수가 쓴 글이다.

9월 17일(금) 오후 6시부터 일본에 온 서울대학교 사범대학 교수 한기언(韓基彦) 씨를 초청하여 본 연구원에서 연구회를 개최하였다. 약 한 시간에 걸친 한 교수의 강연 후, 참석자들과의 질의응답이 활발하게 행하여졌다. 한국교육의 이론적 '핵(核)'을 확립하려고 하는 한국교육사에의 깊은 연구를 딛고 서 있는, 한 교수의 진지한 사색(思索)의 자취가 토로(吐露)되어 참석자들에게 깊은 감명을 주었다. 한 교수의 강연 요지는 다음과 같다.

한국교육학의 진전은 대체로 세 가지 단계로 나누어 파악된다. (중략) 그래서 이러한 제(諸) 과제를 달성하기 위해서는 한국교육의 '기대(基臺)'가 될 만한 것을 우선 확립하지 않으면 안 된다. 즉 한국교육철학의 정초(定礎)가 달성되어야만 하는 것으로서, 그 역사적 전개 과정에 대한 연구를 행하는 것과 동시에, 그것에 의거해서 '기초주의'라는 것이 제창(提唱)되었다. 여기서 말하는 '기초(基礎)'란 '기본(もとい)'이라는 것으로서, '초보'를 말하는 것이 아니다. 아니 도리어 그 기초 자체가 궁극의 진리인 그러한 '기초'를 뜻하며, 전통과 개혁의 조화로운 접점을 이루는 한국교육의 좌표가 된 것을 지칭한다.

이는 단지 한민족에게만 한정되는 것이 아니라, 인류의 교육적 예지, 즉 보편적 가치 체계에 입각하는 것으로서, 그러면서도 또한 한민족이 전통 속에서 호흡하고 있는 것이기도 하다. 그와 같은 것이 오랜 문화적 전통을 지니는 한민족에게는 반드시 있을 것임이 틀림없는 줄로 안다. 그리고 그것은 교육의 세 가지 이념, 즉 시간(문화·생활), 자유(지성·인격), 질서(협동·봉사)로서 생각되어 한국적 전통 속에 널리, 그리고 세련된 것으로 생명력을 지니고 있는 '멋'으로서 파악할 수가 있다. 이 멋은 일본의 '이끼(粹)'와 일맥상통하는 부분도 있으나 그 전통적 색채를 달리하며, 보다 '조화'적 요소가 짙은 것이라고도 말할 수 있다.

보다 상세한 것은 『韓』 통권 제12호(1972년 12월호)에 수록된 논문 「한국인 형성의 핵사상 - 멋의 교육철학적 해석」을 참조하시기 바란다. (渡辺学, 「韓」 V-1976, 128-129.)

이 밖에도 나는 멋에 대하여 다음 두 가지 사항을 밝힌 바 있다. 하나는 '한', '하느님', '멋' 그리고 '기초주의'에 이르는 도식이다.

<표 1> 멋과 기초주의

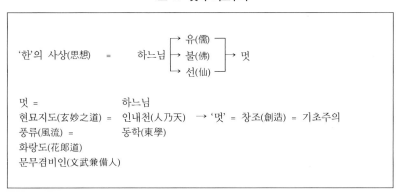

또 하나는 나의 「멋의 탐구」 메모이다.

제 I부 멋의 세계
① 멋의 구상성
1. 음식의 맛   2. 음악과 멋   3. 무용
4. 건조물과 멋   5. 문양(紋樣)의 구성미   6. 복식(의복)
7. 도자기(도예)   8. 가구
② 독창성과 멋
③ 예술성과 멋

제 II부 멋의 구조
④ 멋의 추상성
1. 태극애호사상과 멋   2. 멋의 논리 (감 × 마음씨 × 솜씨 = 멋)
3. 한국인의 정신적 여유   4. 참의 경지
⑤ 능력성과 멋
⑥ 단아성(端雅性)과 멋

제 III부 멋의 극치(極値)

  7 멋의 보편성

  8 동양인의 멋

  1. 인(仁): 중국인   2. 이끼(粋): 일본인   3. 아트만: 인도인

  4. 계약: 이스라엘인   5. 사회정의: 아랍인

  9 서양인의 멋

  1. 이데아: 그리스인   2. 실용: 라틴인 - 현실주의

  3. 규율: 독일인   4. 지성= 양식(良識): 프랑스인

  5. 불굴성: 영국인   6. 역동성: 미국인   7. 신비성: 러시아인

  위의 두 가지 사항은 학술대회의 주제로 심층적 연구가 행해졌으면 과제이기도 하다. 「멋의 논리와 기초주의 교육철학」이라는 대주제를 가지고서 말이다.

  여기에 아울러 생각나는 것이 있다. 그것은 여태까지 '멋'을 잡지 명칭으로 쓴 사실에 관해서이다. 이 두 가지 『멋』이라는 잡지에는 청탁에 의하여 각각 한편씩 쓴 적이 있다. 그런데 첫 번째 『멋』이라는 잡지는 아주 단명에 그쳤고, 두 번째 『멋』지(誌) 역시 비교적 여러 해 버텼으나 결과적으로는 폐간되고 말았다. 나는 『멋』지가 나온 것을 그때마다 기뻐하고 기대도 컸지만 결과는 폐간이었기에 아쉬움이 더욱 크기만 하다.

  첫 번째 『멋』지는 나에게 「멋 강좌(講座)」라 하여 연재물을 청탁하였으나, 내가 두 번째로 원고를 보낸 직후 폐간이 되어 결국 1회분만 실린 것으로 끝이 났다.

  실로 멋이란 한국인이 오랜 역사적 고난이라는 연단(練鍛) 끝에 얻어진 다이아몬드와 같은 우리 민족성의 정화(精華)요, 한국적 품격(品格)을 지닌 조화의 정신이니 다양성의 자기 통합의 원리요, 한국인의 생활철학을 교육학적으로 승화(昇華)시킨 것이라 하겠다. 한

기언, "「멋」강좌(講座) ① 멋이란 무엇인가? - 다이아몬드 같은 우리 민족성의 정화(精華)", 『멋』, 1974.10, 31-34.)

두 번째 『멋』지는 동아일보사에서 나온 것이다. 여성 패션지를 예상한 것 같은데, 매호 전문학자들에게 글 한 편씩 쓰게 한 것은 귀중하다고 지금도 생각하고 있다. 그 글을 모으면 상당히 의미 있는 「멋 연구물」이 되는 게 아닌가 생각될 정도로 아쉽게 여기고 있다. 한기언, "멋은 한국인 형성의 핵사상(집중연구: 우리에게 멋이란 무엇인가)"(『멋』, 동아일보사, 1986년 7월호)를 참조하라.

만약에 『멋』지를 누군가가 세 번째로 간행키로 한다면, 그 '편집 방침'은 어떤 것이 되어야 할까? 이 '멋'이라는 말은 분명 국민 모두의 공감을 사는 값진 고유명사이니, 국민정신 통합지로서, 또 국제성을 띤 것이 되어 '한국인의 멋'을 선양하는 잡지가 되었으면 한다. 21세기는 분명 한국인이 세계 무대에서 각광받게 될 것이니, '멋'의 진가 또한 설득력 있는 『멋』지로서 뒷받침됨이 옳지 않겠는가? 이리하여 세 번째로 훗날 간행되는 『멋』지는 한국의 대표적 잡지요, 한국 홍보의 주체가 되었으면 한다.

'멋'에 대한 나의 깊은 학적 관심은 여전하거니와 며칠 전 뜻하지 않게 하나의 귀한 선물을 받았다. 제자 강환국(姜煥國) 편집, 『멋: 韓基彦 선생님 書翰集』(2008.11.7, 104쪽)이다. 책 표지에 내가 전에 보냈던 휘호 '멋'이 전면으로 되어 있고, '제자 강환국 편집'이라고 되어 있어 나의 가슴을 뭉클하게 만들었다. 현재는 충북대학교 명예교수요, 청풍교육연구소 원장이다. 나와 40여

년에 걸친 사제 간의 인연이 있고, 그간 내가 보낸 서한을 영인한 책이다. 거기에 쓰인 내용 하나하나가 강 박사와 나와의 생생한 장면 회상의 계기가 됨은 물론이다. 나는 고마움을 표하는 답장을 보냈다. 그랬더니 어제 잘 받았다는 전화가 걸려와 다시 서한집 얘기로 한동안 통화했다.

　무엇보다도 인상적이었던 것은 표지에 나온 '멋'이라는 나의 휘호라 하겠다. 내가 가장 아끼고 세계적으로 알리고 싶은 말이 '멋'인데, 그것이 표지에 나왔기에 새삼 내가 해마다 마음 가다듬어 썼던 휘호 생각이 난다. 참고로 그간 썼던 휘호를 소개키로 한다.[1]

---

1) [편집자주] 생전에 남겨놓으신 노트[학회기(學悔記)]에는 돌아가시기 전 마지막 생신 때(2010. 1.19)에 적어놓은 향후 신년 휘호가 남아 있다. 날짜와 시간까지도 적어놓는 것이 특징인데, 평소처럼 사람들에게 연하장으로 보내지 못한 2010년부터 2018년까지 휘호가 만년필로 적혀있다. 2016년까지는 한 글자 휘호지만, 2017년부터는 두 글자로 바뀌고 있다. 비고란의 내용은 편집자의 입장에서 적어놓은 것인데, 기초주의 탄생 60주년을 기념하는 2017년의 '기초(基礎)'와 『장자』에 나오는 2018년의 '목계(木鷄)'를 마지막 휘호로 남기고 있다는 점이 의미심장하다. 즉 싸우지 않고도 이기는 투계(鬪鷄)의 경지를 인생에서 도달할 수 있는 최고 경지로 여기신 듯하다. 우연의 일치인지는 모르겠지만, 굳이 2018년(만 93세)까지만 휘호를 적어놓은 것은 어쩌면 듀이(1859-1952)와 같은 수명을 염두에 두었던 것은 아닌가 생각된다.
[원문] 언제까지 살 수 있는지는 모르겠으나 다음과 같은 글자가 의미가 있을 것 같아 써 둔다. (2010.1.19. 15:25)

연도	나이	휘호	비고
2010	만 85세	信(신)	믿을 신, 진실, 분명히 하다
2011	만 86세	淡(담)	묽을 담, 싱겁다 담박하다
2012	만 87세	流(류)	흐를 류(유), 물이 낮은 데로 흐르다
2013	만 88세	柔(유)	부드러울 유, 성질이 화평하고 순하다
2014	만 89세	球(구)	공 구, 아름다운 옥, 옥으로 만든 경(磬)
2015	만 90세	然(연)	그러할 연, 그렇다고 여기다, 그리하여
2016	만 91세	統(통)	큰 줄기 통, 본가닥의 실, 혈통, 핏줄, 실마리
2017	만 92세	基礎(기초)	기초주의 탄생 60주년
2018	만 93세	木鷄(목계)	나무로 깎아 만든 듯한 싸움닭 『장자』, 상대방과 싸우지 않고도 이길 수 있는 자

<표 2> 연도별 신년 및 특별 휘호

1989	時鑑 시감: 때때로 성찰하다	1998	敬(경): 공경하다, 훈계하다
1990	心 (심) 求放心(구방심) 常虛(상허) 退而結網(퇴이결망)	1999	以水刻石 則天無私 (이수각석 즉천무사) 물로 돌에 새기면 하늘은 사사로움이 없다(공정하다)
1990.3*	如蘭(여란): 난초처럼	2000	如水(여수): 물처럼
1991	心 (심) 人傑由來(인걸유래) 積德門(적덕문)	2001	浩然之氣(호연지기): 넓고 광대한 기운
1992	悠然(유연): 성질이 침착하고 여유가 있다	2002	和而不同(화이부동): 남과 화목하나 동일하지는 않다
1993	至醇(지순): 지극히 순일(純一)함	2003	誠(성): 정성된 마음, 순수함
1994	好學(호학): 배우기를 좋아함	2004	呼吸(호흡)
1995	至誠(지성): 지극히 순수한 마음	2005	멋
1996	弘益人間·心(홍익인간·심)	2006	德(덕)
1997	一以貫之(일이관지)	2007	仁(인)
1997**	學燈無窮(학등무궁): 배움의 등잔불은 끝이 없다 (꺼지지 않음) 人能弘道(인능홍도): 사람이 능히 길을 넓게 한다 (길을 개척함)	2008	삶
		2009	心(심)

* 정년퇴임 기념 답장 휘호
** 기초주의 40주년 기념 답장 휘호

제2조
구슬이 서 말이라도 꿰어야 보배란다

「기초주의」가 명명(命名)된 순간

나는 좋은 말이 많은 우리 한국 속담 가운데서도 특히 이 속담, 즉 "구슬이 서 말이라도 꿰어야 보배란다."라는 말이 내 마음에 들어 귀하게 여기고 있다. 이 속담이 번갯불같이 머리에 떠오른 역사적 순간이 생각난다. 「기초주의」(基礎主義, Kichojuii, Foundationaism)를 명명한 바로 그때였다.

1957년 가을 어느 날(10월 10일), 컬럼비아대학교 기숙사인 휘티어홀 307호실 내 방에서였다. 「기초주의」라고 명명한 순간, 내 눈앞에는 그간 내가 읽었던 책들, 내가 알고 있는 일들 전체가 새로 태어난 「기초주의」의 체계(體系), 「기초주의」라는 나뭇가지에 일시에 제자리를 잡고, 그 책들, 그 지식들이 과일같이, 제 자리를 잡고 매달리는 광경이 펼쳐졌다. 이 순간적인 전개와 함께 동시에 머리에 떠오른 우리 속담이 바로 앞에서 말한 "구슬이 서 말이라도 꿰어야 보내란다."였다. 이 속담 이상 적절한 표현이 없는 것이다. 우리가 무엇을 알고 있다고 하여도 그것들이 지리멸렬하게 여기저기 개개로 흩어져 있다고 한다면 그것은 의미를 지니지 못하는 모래알 같은 것이다.

나는 교육철학이란 "교육 현상, 즉 인간형성에 관한 본질적이며 전체적이며 통합적인 사고 체계"라고 정의하고 있거니와 나의 교육이론이요 교육철학인 「기초주의」는 명명과 동시에 이에 부합됨을 느꼈고, "구슬이 서 말이라도 꿰어야 보배란다."라고 하듯이, '비길 바 없는 보배'의 탄생을 직감, 실감할 수 있었다.

당시 나의 나이 만 32세 때였다. 서울대학교 사범대학 조교수로, 마침 미 국무성 초청 교환교수가 되어 컬럼비아대학교에서 연구 생활 중이었다. 내 나이 32세를 의식한 까닭은, 다름 아니라 나 자신이 앞으로 80, 90세까지 산다면 족히 수십 년간 새로 태어난 「기초주의」를 연구할 시간적 여유가 있으니, 젊은 나이에 명명하기를 잘했구나 하고 생각했던 것이다. 다행히 작년(2007)에는 「기초주의 50주년 기념 국제학술대회」도 개최되어 「기초주의」가 학술적으로 계속 성장·발전 중임을 보여줄 수 있었다. 지난 1997년에는 기초주의 40주년을 기념하여 학술대회와 함께 기념논문집인 『교육의 세기와 기초주의』가 간행되어 뿌듯하게 생각하고 있었다. 이번 50주년 국제학술대회의 논문집은 「자생적 한국교육학: 기초주의의 세계」로 나왔는데, 여기에 추가적인 글들을 포함하여 책자로 엮는 『기초주의의 세계』 역시 현재 간행 작업이 진행 중이다. 이 모두가 1957년 「기초주의」가 명명된 순간에 출발점을 두고 있음은 물론이다. 그리고 이 모든 것들의 기조(基調)가 되는 귀한 가르침이 바로 우리나라 속담인 "구슬이 서 말이라도 꿰어야 보배란다."라는 표현에 들어 있다.

이 속담은 「기초주의연구원 원훈(院訓)」의 첫 번째로, '밝은 눈'의 대구(對句)가 되어 있다. 왜냐하면, 제대로 볼 줄 알아야 구슬도 제대로 꿰어낼 수 있기 때문이다. 그러기 위해서는 뼈를 깎는 각고(刻苦)의 학문적 수련이 따라야 함은 물론이다. 제대로 공부한 후에야 '밝은 눈'이 생길 수 있고, 구슬도 제대로 꿸 수가 있기 때문이다.

내가 쓴 『나의 인생, 나의 학문』에는 '기승전결(起承轉結)'이라는 관점에서 '기초주의의 창안'을 '전(轉)'이라 하였고, '결(結)'은 '기초주의 교육이론체계의 심화'임을 밝힌 바 있다. 이제 여기서 내용과 관련해서는 '전결(轉結)' 부분만을 옮겨 보기로 하겠다.

Ⅰ. 기(起) - 교육자의 길: 관립경성사범학교 시절(1938-1945)

(내용생략)

Ⅱ. 승(承) - 교육자·교육학자의 길로(1945-현재)

(내용생략)

Ⅲ. 전(轉) - 기초주의(基礎主義)의 창안(創案)(1957.10.10)

지금에 와서 돌이켜 보면, 이 「기초주의」의 창안이야말로 나의 인생, 나의 학문의 '전기(轉機)'가 된 때라고 강렬하게 의식하고 있습니다. 몇 번 생각해 보아도 잘한 일이라는 생각이 드는 '일대사건(一大事件)'인 것입니다. 「기초주의」는 1957년 10월 10일, 콜럼비아대학교 대학원의 기숙사인 '휘티어홀'(Whittier Hall) 307호실 나의 방에서 탄생하였습니다. 그리고 이 「기초주의」라는 이름을 조심스럽게 공표한 것은 귀국 직후인 1958년 원고청탁이 있어 『교육평론』지 8월호에서 나에게 주어진 제목인 "(한국) 현행교육의 학적 기대(基臺) 비판"이라는 논문을 통해서였습니다.

생각건대 1957년 미국무성 초청 교환교수로 미국 콜럼비아대학교에 가게 된 것은 나에게 있어 큰 행운이었습니다. 당시 만 32세였던 나는, 나와 비슷한 나이에 당나라로 유학길을 떠나려 하였던 원효(元曉) 대사의 경우를 생각하였고, 또한 같은 나이였던 훗날의 문학가 나쓰메 소세키(夏目漱石)의 영국행이라든가 역시 같은 나이였던 존 로크가 독일로 첫 해외여행을 하게 된 의의를 회상해 보기도 하였던 것입니다. 이는 당시 여의도 비행장(서울의 공식 비행장이었음)에서 비행기(NWA) 탑승 계단을 올라가면서 순간적으로 생각한 일이기도 합니다.

나는 당시 서울대학교 사범대학 조교수 시절이었고, 새로운 교육이론, 새로운 교육철학 창안의 절실성을 느낀 것은 그간 대학에서 교육학과 상급생들에게 여러 해 「현대교육사조」를 가르치고 있었기 때문이었습니다. 남의 학설만 가르칠 것이 아니라, 나 역시 자기 교육이론, 교육철학이 있어야 될 것이 아닌가 하는 '지극히 당돌한' 그러나 어떻게 보면 젊은이로서의 엄청난 생각을 품고 있었던 것입니다. 결국, 세계교육학의 메카라고 감히 말할 수 있는 컬럼비아대학교에 온 것을 계기로, 나의 생각을 촉발시켜 「기초주의」를 명명, 탄생시킬 수 있었던 것입니다. 내년(2007)이면, 기초주의 탄생 50주년이 됩니다. 50년 전의 일이 마치 어제 일처럼 생생하게 나의 뇌리에 되살아나고 있습니다.

「기초주의」가 학계의 주목을 받게 되고, 새로운 한국교육철학이라고까지 승인된 것은 「새한신문」창간 5주년기념 교육철학 특별논문인 "기초주의의 제창(提唱) - 전통과 개혁의 조화를 통한 인간형성의 논리 서장"을 발표한 것이 계기가 되었습니다. 이로 인해 같은 제목으로 「목요회」에 초청받아 강연을 할 수 있게 되었기 때문입니다.

당시 나는 귀국 후 부교수로 승진한 때였고, 「목요회」회원들은 나보다 10년 전후 후배인, 그러나 신진기예의 소장학자요, 전임강사 내지 조교수들이었습니다. 사실, 「목요회」강연 초청시 대표간사도 나에게 귀뜸해 주기를, '초청'이라고는 하지만 점잖게 표현해서 그렇지, 내 또래의 선배학자들을 강연에 초청해서 호되게 비판하는 것이 목적이니, 설사 그렇게 되더라도 과히 기분 상하지 마시라는 것이었습니다. 실제 강연이 끝나고 질의응답이 되어도 호된 비판은 없었고, 새로운 한국교육철학 출현의 의의가 크다거나, 너무 짧은 논문이니 훗날 저서 형식으로 자세하게 논급해 달라는 주문이 있을 정도였습니다.

사실 나는 기왕에 '제창(提唱)'한 것이니, 앞으로는 평생 계속 본격적인 저술을 통하여 「기초주의」를 대성(大成)시키리라고 굳게 마음 속으로 다짐하고 있던 터 였습니다. 그러던 중 기회가 또 다시 와서, 1968년 1월 15일 「교육사교육철학연구회」월례발표회에서 발표한 논문이 "한국교육의 이념과 역사의식의 문제"요, 이것을 저서로 간행한 것이 『한국교육의 이념』(서울대학교출판부, 1968)이었습니다. 이 책의 내용은 곧 「기초주의」의 이론체계요, '1핵 3이념 6개념'에 대하여 알기 쉽게 논술한 것입니다. 그리고 '논문발표'에 대한 회원들의 반응은 매우 진지하고 장시간에 걸쳐, 회식자리로 옮겨간 곳에서조차 질문이 계속되는 등 매우 좋았다고 자평하고 있습니다.

그 후 뜻밖에 배영사 이재영 사장께서 연구실에 찾아와 적극적 권유가 있어 조심스럽게 간행한 것이 저서『기초주의 - 한국교육철학의 정립』(1973)입니다. 이 책은 간행된 지 얼마 안되어서도 수만 부가 팔렸다고 하니, 나로서는 전무후무한 일이 되었습니다. 간행 직후 정순목(丁淳睦) 박사와 김정환(金丁煥) 박사가「새한신문」과「한국교육학회 소식지」에 서평을 써 주셔서, 나로서는 놀랍고 또한 기쁘게 여겼던 적이 있습니다. 이 두 분의 학문적 격려를 지금까지도 고맙게 여기고 있습니다.

나는「기초주의」에 관한 논문과 저서를 그 후 정년이 될 때까지 쉬지 않고 저술·발표하였습니다. 그러나 대학강의에서는 되도록「기초주의」에 관한 언급을 자제해 왔습니다. 그러므로 보다 활발하게 강연 및 논문과 저서로 발표하게 된 것은 의식적으로 정년 퇴임 후인 명예교수가 되어서부터인 것입니다.

IV. 결(結) - 기초주의 교육이론체계의 심화(1990-현재)

주저(主著):
- 『상황과 기초: 구상(球狀)교육철학으로서의 기초주의』
  (서울대학교출판부, 1990)
- 『기초주의교육학』(학지사, 1999)

서울대학교 (교육학과) 명예교수가 된 후 첫 번째로 나온 책이, 오늘날 감히 나의 주저(主著)라고 할 수 있는『상황과 기초』입니다. 이 책은 1988년 서울대학교 연구교수로 1년간 있게 된 것을 계기로 결국 1년 반 걸려서 탈고한 것입니다. 1990년 교수정년 퇴임후 서울대학교출판부에서 나왔습니다. 800여 쪽의 도톰한 책이 되었습니다.

이는 1984년에 쓴 논문 "기초주의의 구조"(『사대논총』제28집)가 원형(原型)이 된 것으로, 이 '기초주의의 구조'라는 논제는 1980년 일본 교육철학회 초청 특별강연에서도 다루었던 제목입니다. 이 특별강연은 큰 호응을 얻었고, 특히 당시「일독(日獨)교육협회」회장

이요, 게이오대학교 교육철학 교수인 무라이 미노루(村井実) 박사를
비롯한 중진교수들의 호평을 얻어 나 자신 여간 힘이 된 게 아니
었던 것입니다.

이런 일로치면 1995년 제6회 후쿠오카 아시아문화상 학술연구상
(국제부문) 수상 이유로 "독창적인 교육이론이요, 교육철학인 「기
초주의」를 인정해서"라는 것 역시 큰 격려가 되었던 것을 기억하
고 있습니다. 그 때 수상자로서 행한 기조강연은 "변동사회에 있어
서의 인간형성 - 교육의 세기와 기초주의"였습니다.

이보다 앞선 1994년에는 교육철학연구회 창립 30주년에 즈음하
여 "기초주의의 탄생과 성장"이라는 논문을 발표하였고, 이어서
1994년 저서『한국현대교육철학 - 기초주의의 탄생과 성장』(도서출판
夏雨)을 간행하였습니다. 별편(別篇)으로 수록된 '제 I부: 기초주의의
발현(發顯)'과 '제 II부: Kichojuii = Foundationism'은 각각 「기초
주의」를 이해하는 데 도움이 되리라 생각하고 있습니다.

그 후로도 「기초주의」에 관한 발표를 계속해 왔습니다만, 특히
20세기가 마감되는 것을 의식해서 발표한 세 편의 논문을 지적하
고 싶습니다. 이 논문들을 발표하게 된 것은 학계의 냉엄한 비판을
받고자 해서였던 것입니다. 제목만 적어 보면 다음과 같습니다.

* "21세기 한국의 교육학: 대안으로서의 기초주의교육학" (한국
  교육학회 연차학술대회)
* "기초주의교육철학의 지평" (교육철학회 연차학술대회)
* "교육의 '구(球)'적 인식" (낙원박사회 연찬회, 중국 남경고도
  반점에서)

이 세 편의 논문은 현재『21세기 한국의 교육학』(한기언교육학
전집 제16권, 한국학술정보[주], 2001)에 각각 수록되어 있습니다.
또 그 당시 있었던 논평 및 질의응답 등은 나의 교육학적 자서전
인『어깨의 힘을 빼고』(한기언교육학전집 제52권, 조판 중)에 수록
해 두었습니다. 젊은 후학들의 발표기회를 빼앗은 노욕(老慾)이 아
니냐는 집사람의 충고도 있었기에, 21세기에 들어서는 오직 저서로
만 남기기로 마음먹고, 이후로는 학회에서의 논문 발표를 일절 하지

않고 있습니다.

하나 더 특기하면『기초주의교육학』(학지사, 1999)으로 이는 기초
주의에 관한 가장 요약된 책입니다. 그러기에 나로서도 만족하고
있음을 솔직히 말씀드리겠습니다.

이 밖에 고희기념논문집인『교육국가의 건설』(양서원, 1994)과 기
초주의 40주년 기념논문집인『교육의 세기와 기초주의』(교육과학사,
1997)는 그 전에 증정된 나의 회갑기념 논문집인『한국교육학의 탐
색』(고려원, 1995)과 교수정년 기념논문집인『한국교육학의 성찰과
과제』(교육과학사, 1990)와 아울러 모두 나에게 증정된 기념논문집
이어서 오늘날 '기초주의의 이론적 체계 심화작업'에 주력하고 있는
나에게는 한 없이 큰 격려와 힘이 되고 있는 것입니다. 이 네 권의
기념논문집 간행에 힘써 주신 위원장 및 위원 제위, 그리고 논문집
필자 여러분께 마음 속 깊이 감사드리고 있습니다.

나의「기초주의」연구는 아직도 계속되고 있습니다. 논문 "기초
주의 교육적 나침반"(기초주의연구원, 2001)이라든가, "기초주의의
세계"(기초주의연구원, 초고 2004.9.10. 記)도 그러한 노력의 하나
라고 하겠습니다. (2006.4.26. 記)

  * 부기(附記):『한기언교육학전집』(全55권, 한국학술정보[주], 2001~
    현재)이 완간되면, 좀 더 '나의 인생, 나의 학문'을 이해하는
    데 도움이 되리라고 생각하고 있습니다. 또, "기초주의 이해의
    길"(기초주의연구원, 2003)은 짧막한 글로『한기언교육학전집』
    에 대한 진솔한 자기 술회기(述懷記)입니다. 기초주의 40주년 기
    념논문집『교육의 세기와 기초주의』에 수록한 "청뢰 저서 서문
    집"(324-451쪽)과 함께 읽어주시면, 더욱 이해에 도움이 되시리
    라고 믿고 있습니다.

이 장(章)을 맺는 데 있어 되풀이하여 생각나는 두 가지 일이 있다.
첫째,「기초주의」탄생의 결정적인 계기요, 무대가 된 1년간(1957-1958)
의 미국 생활이다. 나 자신에게 컬럼비아대학교에서 지낸 일은 여간
귀한 체험이 아니었다. 나의 저서『미국일기』(한기언교육학전집 제54권,

한국학술정보[주], 2005)에는 비교적 생생한 자기 기록이 남아 있다.

　둘째, 나의 미국행에 결정적인 도움을 준 주한 미 대사관 문정관 '슈바커' 박사에 관해서이다. 슈바커 박사는 청년 교수 '한기언'을 어떻게 알았는지 당시 서울사대 이종수 학장을 통하여 자기를 찾아오도록 하여, 마침내 미국행을 가능케 했던 인물이다. 나에겐 잊을 수 없는 일이었기에 여기에 관해서는 자서전인『두 손을 비워두어라』(한기언교육학전집 제51권, 한국학술정보[주], 2001)의 제7장 문화적 삼각파도, "1. 미대사관 문정관의 호의"(147-151쪽)에 기록해 두었다.

　이런 호의의 결과「기초주의」가 탄생하였고, 그 명명의 순간 나의 머리에 생생하게 떠오른 말이 곧 "구슬이 서 말이라도 꿰어야 보배란다."라는 우리 속담이었다. 이 속담을 한없이 아끼는 까닭 또한 여기에 있기도 한 것이다.

제3조

「기초주의」: 논리구조 지남적(指南的) 기능의 교육철학

　나의 교육이론이요, 교육철학인 「기초주의」에 관한 표현 중 하나가 '논리구조 지남적 기능의 교육철학'이라는 말이다. 이 밖에도 논문 "기초주의의 제창"(1966)의 부제인 '전통과 개혁의 조화를 통한 인간형성의 논리'와 '모든 사람의 인생을 예술적 경지에까지 승화시키는 인간형성의 기본원리' 및 '개성통합적 다원주의'가 있다.

　이리하여 나는 "기초주의의 교육적 나침반"(2001)을 써서, '지남적 기능' 면을 더욱 부각시키고 있기도 하다.

　「기초주의」가 '논리구조 지남적 기능의 교육철학'이라는 것은 『한국교육의 이념』(1968)의 책 구성을 보아도 알 수 있다. 더욱이 그 책에 게재한 「한국교육이념의 구조도」(후에 나는 이를 「기초주의 교육철학의 구조도」라 하여 나의 본래의 의도대로 알리고 있다)는 일목요연하게 알아볼 수 있게 하였다고 하리라.

　"기초주의 교육적 나침반"(2001)은 나의 나이 만 76세 때 쓴 것인데, 「기초주의」의 진수를 알리고 싶어 간추린 논문이요, "논리구조 지남적 기능"을 표시하기 위해서 '교육적 나침반'이라고 표현해본 것이다. 이 논문은 2000년 말에 초안(草案)이 만들어졌고, 넷째 아들인 만석(萬碩) 한석진 사장의 도움으로 아담한 책자가 만들어졌다(2001.1.5.).

　마침 2000년 연말 가까이 되어 국민대학교 교육대학원장인 강영삼(姜永三) 박사로부터 강연 의뢰가 있었다. 나의 관심사였던 것이 "기초주의 교육적 나침반"이었기에 주저하지 않고 이것을 강연 제목으로 삼았다. 강연은 2001년 1월 8일에 있었다.

나는 아직도 강연에 나섰던 그날이 기억에 생생하기만 하다. 전날 내린 많은 눈으로 약속 시간보다도 일찍 집을 나섰더니 국민대학교에 도착했을 때는 한 시간이나 여유가 있었다. 그런데 결과적으로 한 시간 일찍 도착함으로써, 차질이 생기는 일을 미연에 방지할 수 있었다. 즉 발표 준비물로 미리 속달 등기로 보냈던 「자료」가 미처 강영삼 원장 앞으로 도착하지 않았던 것이다. 정초(正初)라 우편물이 밀려서 그런 착오가 생겼던 모양이다. 부랴부랴 원장 지시로 찾게 하니 교무과에 보관되어 있었다. 나는 부피를 고려해서 <표: 기초주의 교육적 나침반 - 기초주의의 교육구조적 이해(II)> 한 장만 큰 봉투에 넣어서 보냈던 것인데, 너무 얇았던 탓인지 교무과에 그대로 방치되어 있었다.

이리하여 무사히 복사를 하여 예정 시간에 차질 없이 강연할 수 있었다. <표>에 '기초주의의 교육구조적 이해(II)'라고 한 것은, 전에 (I)이 "기초주의의 교육구조적 이해 - 모든 사람의 인생을 예술적 경지에까지 승화시키는 인간형성의 기본원리"(1974)라는 <표>가 이미 있었기 때문이었다.

강연은 대강당에서 교육대학원생을 대상으로 했다. 주로 현직 교사들이었다는 점에서 나는 이 강연의 의의가 크리라고 생각하였다. 왜냐하면 그들이 가르치는 학생들에게 이 "기초주의 교육적 나침반"이 전달된다면, 각자 자기 형성, 자기 인생 항로(航路)에 있어 좋은 '나침반' 구실을 할 수 있으리라 여겼기 때문이었다. 경청해 준 원생들의 성의에 감사한다. 그뿐만 아니라 강영삼 원장, 신차균(申次均) 교육연구소장, 신중식(申仲植) 국민대학교 부총장이 나와는 사제 관계에 있는 졸업생인데, 이 밖에 교육학과 교수 일동이 마련한 회식으로 해서 더욱더 분위기가 고양되었다. 고맙고 정겨운 자리였다.

이 "기초주의 교육적 나침반"은 나중에 순천향대학교 교육대학원 초청(2001.12.23.)으로 인해 다시 한번 강연 연제가 되었다. 여기에는 약간의 내력이 있다. 이 대학교에 내가 기증한 도서가 「청뢰문고」로 중앙도서관에 설치된 것을 기념하여 감사패 증정과 함께 강연하게 된 것이다.

　도서 기증은 직접적으로는 나의 큰 처남인 김선양(전 인하대학교 교수) 박사가 집사람과 의논하여 나에게 권하였고, 나 역시 사세가 여의치 않아 그에 응하게 되었다. 거기에 기증한 책들 하나하나는 지금도 나의 뇌리에 선명히 남아 있다. 왜냐하면, 나의 「기초주의」라는 이론체계에는 그 책들이 요긴하게 각각 자리잡고 있었기 때문이며, 훗날 시간을 두고 인용하고 싶었던 책들이었기 때문이다. 그러나 내가 유복하지 못해서 별도로 널찍한 서고를 갖추지 못하게 되고 보니, 내 책이나마 안정된 곳에 옮겨져 다른 사람이라도 이용할 수 있다면, 그것이 나의 책 사랑이 되지 않겠는가 하고 자신을 납득시켜 이별했다.

　강연은 저녁 시간에 진행되었다. 교육대학원 강의 시간이 야간이었기 때문이다. 이번에는 미리 (간추린 형식의) 책자가 준비되어 강연에 도움이 되었다. 이때 역시 원생들에게 기대한 것은 그들을 통하여 「기초주의 교육적 나침반」이 다음 젊은 세대에까지 전달되었으면 하는 것이었다.

　서울에서 먼 거리에 있는 순천향대학교까지 차로 왕복의 노고를 마다하지 않은 이는 큰 처남인 김선양 박사였다. 강연 후에는 교육대학원장을 비롯한 대학 관계 교수들이 마련한 회식 자리에서 서로 학문적 우의를 돈독히 할 수 있어서 좋았다. 다시 가보진 못하고 있는 「청뢰문고」이지만, 나의 머릿속에는 여전히 그곳에 가 있는 책들이 생생하게 살아 있다.

　마지막으로 한마디 한다면, “책은 가지고 있을 때 읽어야 하느니라.”

제4조
기초로부터 새로운 기초에까지

> * 모든 것에는 '기초'가 있다.
> * '기초'는 진리다.
> * 교육은 '기초'에서 시종(始終)하는 인간 기업이다.
> * 선진국과 후진국의 차이는 '기초의 차(差)'다 등등

이런 생각에서 나는 '기초'를 생각하게 되었고, 나의 교육적 신조를 가리켜 「기초주의」라고 일컫게 된 것이다. '기초'에 관하여 깊이 있게 쓴 논문이 "「기초」개념의 교육철학적 신석(新釋)"(1974)이다. 이 논문은 나의 저서 『교육의 역사 철학적 기초』(1975, 904-928)에 전재(轉載)되어 있다.

논문의 구성은 1. 서언, 2. '기초'의 체험적 의미, 3. 통념으로서의 '기초'의 개념, 4. '기초'의 개념 신석을 위한 몇 가지 접근, 5. '기초'의 개념과 완전성, 6. '기초' 개념 신석과 교육의 구조 이해, 7. 결언으로 되어 있다.

이 가운데에서 5. '기초'의 개념과 완전성에 대하여 나는 다음과 같이 논술하였다.

　여기서 다시 한번 '기초'란 최고수준의 표지(標識)요, 그것은 곧 '완전성'에 통한다는 얘기를 함으로써 '기초'의 새로운 의미 부여

를 다져 보려고 한다. 지고지선(至高至善)의 경지라는 것은 비단 정신문화에서만 추구되어 왔고 추구될 성질의 것은 아니다. 그것은 물질문명에 있어서도 예부터 신기(神技)라고 하고, 정교(精巧)·정찰성(精察性)으로서 그 높은 수준을 문제시해 왔던 것인데, 이것은 고도로 발달된 과학문명에 있어서 한층 더한 감조차 있다. 1957년 이래 본격적으로 개발되고 있는 인공위성의 발사 등 일련의 우주과학의 발달은 그것 자체가 이미 한 나라의 공업과 과학기술의 종합적 능력수준에 대한 단적인 표지요, 경이의 감조차 드는 것이다.

한국교육의 일대과제는 바로 이와 같은 정신문화와 물질문명 양면에 걸친 세계수준과의 격차를 어떻게 단시일 내에 해소시킬 수 있느냐에 있다고 본다. 과거 후진국가들 역시 선진국이 되기 위해 많은 자체적인 노력을 해 왔음을 우리는 알고 있다. 그 경우에 '교육'이 지대한 역할을 하였음을, 이를테면 19세기 전반기에 있어서 프로이센의 예를 떠올려 보아도 좋을 것이다. 그리고 이 교육에서도 가장 크게 문제 삼아야 될 것은 '최고수준'이니, '위대한 자', '완전성', '기초' 등등의 개념이라고 하겠다. 여기서는 '기초'라는 개념 하나에 집약(集約)해서 생각해 보고 있는 것이다.

1970년대 초반 우리나라는 세계기능올림픽대회에 나가서 여러 분야에서 금메달을 따기 시작하면서 서독 다음으로 종합 제2위가 되기도 하였다.(「조선일보」, 1973.8.13.). 최고 수준에 관심을 가져온 나로서는 여러 가지로 감회가 깊게 느껴지는 것이었다. 그 까닭은 어느 기술분야이고 그들의 '기초'가 제대로 되어 있으면, 그것은 곧 세계수준에 접근할 수 있다는 나의 「기초주의」가 말하는 '기초'의 개념이 타당함을 입증하는 것만 같아서다. 이러한 기능올림픽만 하여도 요구되는 것은 오직 '완전성'이다. 독일인의 기약하는 바가 'Vollkommenheit(완전무결, 완벽)'에 있다는 점과 기능올림픽에서의 세계 종합 제1위라는 것은 결코 우연의 결과가 아닐 것이라 생각되었기 때문이다. 오직 '기초'를 문제시하고, 같은 의미에서 '완전성', '세계수준', '최고경지'에 주목하여야 할 것이다. 기초와 멋을 같은 뜻의 다른 표현이라고 본 까닭도 바로 여기에 있는 것이다.

이러한 ‘기초’ 개념의 새로운 해석을 통해, 나는 ‘기초’의 특성을 다음 여섯 가지로 정리하였다.

(1) 인간형성의 핵사상으로서의 기초

여기서 핵사상이라 함은 이를테면 유교에서의 인(仁)이라든가 불교에서의 법(法), 기독교에서의 사랑[아가페]에 해당하는 것을 뜻한다. 인(仁)이 빠진 유교인이라든가, 법(法)이 빠진 불교인, 사랑이 빠진 기독교인이라는 것은 생각할 수도 없다. 그 까닭은 유교인이란 인의 정신에 입각하여 형성되고 행동하는 사람이요, 불교인이나 기독교인 역시 법이나 사랑과의 관계에서 성립되기 때문이다.

이렇듯 인간형성에 있어서는 그 인간형성을 가능케 하는 중핵이 되는 사상체, 즉 ‘핵사상(核思想)’이 있기 마련이다. 그런데 기성 고유명사가 된, 이를테면 ‘인’이나 ‘법’, 또는 ‘사랑’을 쓸 때 그 하나하나가 지니는 심오한 좋은 뜻이 있음에도 불구하고 유교·불교·기독교로 식별되는 데서 오는 제약을 피하기 어렵다. 각국인 형성의 고유명사가 되는 핵사상 역시 식별상 제약성이 따름은 마찬가지이다.

이 경우에 그러한 제약성을 받지 않으면서, 교육이 이것을 결여하면 교육이 이루어지지 않은 거나 마찬가지라고 여겨지는 관건적 용어가 무엇인가를 생각하게 된다. 그러한 인간형성의 사상체로서 역설하게 된 것이 ‘기초’였다.

(2) 진리로서의 기초

이를테면 『대학』에서는 진리를 ‘지선(至善)’이라는 말로 표시한다. 3강령 중 ‘지어지선(止於至善)’이라는 표현이 그것인데, 군자가 지향할 바, 최고 경지를 ‘지선’이라고 하였던 것이요, 그러니 그 뜻은 항상 진리에 머물러 있어야 한다는 것이다.

기초주의에서 말하는 '기초'란 곧 이와 같은 것이니, 진리로서의 기초라 한 것이다. 불교의 '진여(眞如)' 또한 진리인데, '진여=기초'라는 생각이다. 우연한 일치인지는 모르겠으나, 이를테면 'Foundations of Education'이니 'Foundations of History', 'Foundations of Physics' 등등 저서명에 '기초(Foundation)'라는 표현이 눈에 띈다. 그것들은 각각 교육이나 역사 또는 물리학의 '진리'를 표시하려고 한 데서 연유한 것이 아닌가 하는 생각이다. 기초주의에서의 '기초'는 바로 이러한 진리로서의 기초라는 의미에서 쓰인 것이다.

(3) 창조의 논리로서의 기초

내가 예전에 발표한 「기초주의의 방법론적 성찰도」는 이에 관한 설명이기도 하거니와 다음의 등식 또한 하나의 설명이 되리라고 본다.

전통 × 주체 × 개혁 = 기초(기초주의)
감 × 마음씨 × 솜씨 = 멋
소재 × 의지 × 표현 = 창조
정수(精粹) × 정조(情操) × 우아(優雅) = 멋(진리)
Essence × Sentiment × Elegance = Excellence

즉 기초주의의 '기초'는 전통 × 주체 × 개혁의 결과로서 '멋'과 통하는 것이요, 창조의 논리를 지니고 있음을 표시한 것이다.

(4) 교육적 평가 기준으로서의 기초

우리가 학생들의 성취 정도를 "기초가 전혀 되어 있지 않다."라든가 "기초부터 되어 있지 않다."라고 평가할 때, 그러한 학생은 낮은 점수밖에 기대할 수 없을 것이다. 즉 '기초'는 교육적 평가의 기준이 된다. 달리 말하면 진리(즉 기초)와의 관계에서 평가가 행해지는 것이다.

(5) 교육이념으로서의 기초

이것은 '인간형성의 핵사상으로서의 기초'의 다른 표현이기도 하다. 기초는 교육의 기본원리를 나타내는 말이요, 그러기에 '교육이념'을 나타내는 말이라 하겠다.

(6) 지남성으로서의 기초

논리구조 지남적(指南的) 기능성의 교육철학인 기초주의는 교육의 나침반 특성을 지니고 있다.

<표 3> 기초·멋·홍익인간의 이념 대비표

	교육이념의 특성	멋	홍익인간
1	원리성 (原理性)	교육원리로서의 멋	인간형성의 원리성을 충족시키고 있다.
2	정향성 (定向性)	한민족의 정신적 결정체(얼)로서의 멋	한국인은 물론이요, 인류 모두의 나아갈 길을 제시하고 있다.
3	가치성 (價値性)	최고가치체로서의 멋	다원적 통합가치체임과 동시에 최고가치체라는 점에서 가치성을 충족시키고 있다.
4	보편성 (普遍性)	창조의 논리로서의 멋	한국인만을 위한 것이 아니라 인류 공영의 이상을 내걸고 있다는 점에서 보편성을 충족시키고 있나.
5	이상성 (理想性)	홍익인간의 이념으로서의 멋 한국인의 마음으로서의 멋	자국민뿐만 아니라 인류 공영이라는 높은 인류애를 내걸고 있다는 점에서 이상성을 충족시키고 있다.
6	평가성 (評價性)	인간평가 기준으로서의 멋	인간 행위 평가의 척도가 되고 있다는 점에서 평가성을 충족시키고 있다

위의 <표 3>에서도 알 수 있듯이, 「기초주의」의 '기초'는 훌륭한 특
성을 지닌 개념이다. 그러므로 나는 「기초주의」를 알리는 하나의 구
호로서 "기초로부터 새로운 기초에까지"라는 표현을 쓰고 있다. 이
경우 전자의 '기초'는 '현실태(現實態)로서의 기초'이고, 후자의 '기초'
는 '이상태(理想態)로서의 기초'이다. 즉 우리가 실천할 때의 '기초'는
인간의 불완전성을 전제하기에 이상태로서의 기초, 즉 '진리'에서는
멀기만 한 것이다. 그럼에도 불구하고 우리는 계속 '기초로부터 새로
운 기초에까지' 노력함으로써 진정으로 향상이 가능한 것이다.

'기초'라고 하면 생각나는 것이 「노벨과학상」이다. 왜냐하면 노벨과
학상은 '기초의 발견'에 주어지는 상이기 때문이다. 이와 관련하여 내
가 재미있게 읽은 책 두 권을 소개하면 다음과 같다.

* 바바 렌세(馬場鍊成) 저, 『ノーベル賞
  の100年 ― 自然科学3賞でたどる科
  学史(노벨상 백년: 세가지 자연과학
  상으로 본 과학사)』, 中公新書 1633
  권, 2002.

* 이시다 도라오(石田寅夫) 저, 『あなた
  も狙え!ノーベル賞 ― 科學者99人の
  受賞物語(당신도 도전하라! 노벨상 -
  과학자 99명의 수상 이야기)』, 化學
  同人, 1995.

다음의 세 수상자 사례를 통해 '기초의 발견'이 얼마나 중요한 의미
를 지니는지, 「기초주의」의 '기초' 의미가 강조되었으면 한다.

* 아인슈타인(Albert Einstein, 1879-1955)

1879년 독일에서 태어났다. 취리히공과대학을 졸업하고, 특허국 기사가 되었다. 그 후 프라하대학, 취리히공과대학, 베를린대학 교수, 카이저 빌헬름 물리학연구소장 등을 역임했다. 1916년 일반상대성 이론을 완성하였다. 1921년 노벨물리학상 수상, 1933년 나치스의 박해에서 벗어나기 위하여 미국으로 망명, 만년에는 핵무기 폐기 운동의 선봉에 섰다. 1955년 별세했다.

아인슈타인은 20세기를 대표하는 과학자로 칭송되고 있다. 그는 1879년, 남독일, 우름의 전기기사의 아들로 태어났다. 어려서부터 특출나지는 않았고, 양자역학을 탄생시킨 유럽의 동시대 천재들과 비교해 보면 평범한 청소년이었다. 경제적으로도 윤택하지 못하였고, 고교를 중퇴한 후에는 다른 고교에 재입학하여 졸업하였으며, 대학 입시에도 한 번 실패하였다.

스위스연방 취리히공과대학에 입학한 아인슈타인은 강의에는 그다지 관심을 두지 않았으나, 뉴턴 역학이라든가 빛의 전파 방식에 흥미를 갖고 공부하고 있었다. 졸업 후, 대학에서 임시교사로 있다가 1902년 스위스 특허국의 직원으로 취직하였다.

그는 일하는 틈새 시간을 이용하여 지난 10여 년간 의문을 품고 있던 과제를 독학으로 풀어가고 있다. 즉 16세 때 착상했던 의문으로 만약에 빛과 같은 속도로 빛을 쫓아간다면, 빛은 정지해 보일까 아니면 그대로 전진해 버릴까? 아인슈타인은 빛은 역시 전진하는 것이 아닐까 하고 생각하였다. 그 이래로 그 이유를 깊이 생각해 갔던 것이다.

아인슈타인은 1905년 26세 때 불과 4개월 동안 중요한 논문을 연이어 세 편 발표하였다. 최초의 논문은 3월에 발표하였는데, 빛의 에너지가 전기의 에너지로 변하는 광전효과(光電效果)에 관한 것이다. 이어서 5월에는 액체라든가 기체에 표류하는 작은 입자(粒子)의 운동「브라운운동」에 관한 이론을 발표하고, 6월에는 「운동물체의 전기 역학에 관하여」라는 제목의 논문을 발표했다. 이것이 유명한 특수상대성 이론이다. 약관 26세의 무명 특허국 직원이, 그 후의 물리학을 근저로부터 바꾸게 할만한 대논문을, 연이어 발표했다는 사실은 경이적이다. 세 편 모두 노벨상의 대상이 될만한, 획기적인 내용을 지니고 있다.

아인슈타인은 최초의 논문, 광전효과에 관한 업적으로 노벨물리학상을 수상하거니와, 그것은 발표한 지 16년 후인 1921년이 되어서였다. 노벨 재단이 흔히 우리가 획기적이라고 여기는 특수상대성 이론의 업적이 아니라 광전효과의 업적에 대하여 상을 준 것은, 아인슈타인의 특수상대성 이론을 제대로 평가하는 데 많은 시간이 걸렸기 때문이 아닌가 하고 다들 얘기하고 있다.

특수상대성 이론에 의하면 광속(光速)에 가까워지게 되면 시간이 천천히 진행된다. 이런 생각에서 아인슈타인은 질량과 에너지의 관계를 표시하는 E=mc2라는 저 유명한 공식을 도출한다.

아인슈타인은 이 논문으로 삽시간에 유명해졌고, 학위를 취득하여 비약적으로 출세하여 모교인 스위스연방 취리히공과대학의 이론물리학과 교수가 된다. 그리고 35세 때, 당시 유럽 물리학계에서는 최고의 자리라 할 수 있는 베를린의 카이저 빌헬름 물리학연구소의 소장 겸 교수가 된다. 아인슈타인은 특수상대성 이론을 발표한 후, 그 이론으로는 모든 현상을 설명할 수 없다는 것을 깨닫는다. 이에 연구를 거듭하여, 1915년에 일반상대성 이론을 발표한다. 이는 시공간(時空間)의 새로운 개념을 창시한 획기적인 이론이었다. 이는 또 우주의 탄생과 발전을 설명하는 근본적 이론과도 연결된다.

* 뢴트겐(William Conrad Roentgen, 1845-1923)

1845년 독일에서 태어났다. 네덜란드에서 자랐고, 유트레히트와 취리히에서 수학, 취리히공과대학에서 학사, 슈트라스부르크대학에서 박사를 취득했으며 슈트라스부르크대학, 뮌헨대학 교수를 역임했다. 불투명체를 투과(透過)하는 미지의 방사선, X선을 발견하여 1901년 최초의 노벨물리학상을 수상했다. 1923년 별세했다.

제1회 노벨물리학상 수상이 된 뢴트겐의 X선 발견은 1895년 11월 8일 밤의 일이었다. 독일 뷔르츠부르크대학 교수인 뢴트겐은 자택 지하실에 만든 실험실에서 유리관 속의 공기를 뺀 진공 방전관(放電管: 크룩스 관)에 전기가 흘렀을 때 일어나는 현상을 조사하고 있었다. 전기가 통과하면 방전관으로부터 녹색의 광채가 방사된다.

뢴트겐은 방전관에 검은색의 두꺼운 종이를 덮는 실험을 하고 있었는데, 전류를 통과시키면 상자 근처에 놔두었던 스크린이 형광을 발하여 반짝이기 시작하였다. 방전관과 스크린 사이에 두꺼운 책을 놓아 보았다. 그러나 방전할 때마다 스크린은 여전히 형광을 발했다. 방전관 속에서 강한 투과성이 있는 미지(未知)의 광선이 나오고 있음이 틀림없었다. 뢴트겐은 이 광선을 X선이라고 명명하였다. 'X'란 미지를 나타내는 수학의 기호이기 때문이다.

사진 건판(乾板)은 X선이 닿으면 감광(感光)해서 못쓰게 된다. 어느 때인가 뢴트겐은 사진 건판을 X선으로부터 떨어진 책상 서랍에 넣어 두었는데도 광감하고 있음을 알게 되었다. 이 건판을 현상해 보았더니, 믿어지지 않는 일이 일어나 있었다. 즉 책상 위에 놓아 두었던 열쇠의 모양이 촬영되어 있던 것이다. X선이 책상 위로부터 조사(照射)되어 금속인 열쇠가 X선을 차단하였기 때문에 촬영된 그림자였다.

다시금 뢴트겐은 실험을 계속하였다. 방전관과 스크린 사이에 납으로 만든 작은 원반(圓盤)을 놓아두었다. X선은 예상대로 납 원반에 차단되어, 스크린에는 원반의 그림자가 찍혔다. 그런데 놀랍게도 원반을 들고 있던 뢴트겐의 손가락뼈도 촬영되어 있었다. 뢴트겐은 아내인 베르타의 손뼈를 촬영해 보았다. 왼손 약지에 낀 반지의 그림자도 선명하게 남아 있었다.

X선의 발견은 1895년 세모(歲暮)에, 뷔르츠부르크 물리학·이학협회에 "신종 방사선에 관하여"라는 제목으로 보고되었고, 이 뉴스는 즉각 세계에 알려졌다. 당시 노벨물리학상 추천인 29명 중 16명이 뢴트겐을 추천한 것을 보아도 그의 업적이 당시 얼마나 높이 평가되었는가를 알 수 있다.

* 플레밍(Alexander Fleming, 1881-1955)

1881년 영국 스코틀랜드의 농가에서 태어났다. 세인트메리병원 (현 임페리얼컬리지 소속 병원) 의학교에서 수학하고, 런던대학교에서 학위를 취득하였다. 그 후 A. E. 라이트의 조교가 되어 병리학 지도를 받았다. 1928년 페니실린을 발견, 항생물질에 의한 치료가 시작되었다. 1945년 노벨생리학상을 수상했고, 1955년 별세하였다.

플레밍은 제1차 세계대전 당시 군의로 근무하였는데, 전후 세인트메리병원 의과대학으로 돌아와 상처를 입으면 통증을 동반하는 종기를 만드는 포도상구균(葡萄狀球菌)의 일종을 배양하고 연구하였다. 1928년 어느 날, 세균이 번식하고 있는 배양기 속에 푸른 곰팡이가 발생하여 실험에 사용할 수 없는 것이 있었다. 그러나 자세히 들여다보니, 푸른 곰팡이 주변만 세균이 번식하지 못하고 있음을 알게 되었다. 이 곰팡이는 파란 콜로니를 방상(房狀)으로 만든다. 사과나 오렌지에도 잘 생기는 페니실륨이란 곰팡이였다. 현미경으로 자세히 조사해 본즉, 페니실륨(penicillium)은 세균을 녹이는 대단히 강력한 작용을 한다는 것을 알게 되었다. 효과가 있는 것은 곰팡이가 분비하는 액체이며, 이것을 추출하는 데 성공하였다. 처음에는 포도상구균으로 해 보았는데 잘 들었다. 그 후 여러 가지 세균으로 시도해 보니, 유해한 세균에게 잘 듣는다는 것을 확인하였다. 쥐라든가 토끼에 실험하였는데 부작용이 없고, 세균에게만 듣는 지극히 안성맞춤인 물질이었다. 플레밍은 이 물질에 페니실린이라 이름을 붙였다.

그러나 페니실린을 추출하는 일은 곤란하여, 임상 응용도 잘되지 않았다. 플레밍의 연구 성과와 논문은 의학계의 주목도 받지 못한 채, 어느덧 많은 문헌 속에 매몰되어 버렸다. 그로부터 10년 후인 1938년 영국 옥스퍼드대학교의 병리학자 하워드 월터 플로리(H. W. Florey)와 독일 태생인 유대인이었으나 영국에 망명한 어니스트 보리스 체인(E. B. Chain)은 항생물질을 연구하기 위해 내외 문헌을 조사하던 중 플레밍의 페니실린 논문을 발견하였다.

두 사람은 푸른 곰팡이의 분비액으로부터 효율적으로 페니실린을 분리하는 방법을 개발하여, 마침내 순수한 페니실린 분말을 만들었다. 이 분말은 믿기지 않을 정도로 강력한 효과가 있었다. 순수한 페니실린의 실험은 1940년에 실시되었다. 연쇄구균(連鎖球菌)을 감염시킨 여덟 마리 쥐 가운데 네 마리에게 감염된 지 17시간 후 페니실린을 투여하였다. 투여받지 않은 쥐는 모두 죽었지만, 페니실린 주사를 맞은 쥐 네 마리는 모두 회복하여 살아남았다.

그 후 페니실린의 대량생산 방법을 개발해야만 했으나, 제2차 세계대전이 시작되어 영국에서 연구·개발하는 것이 어렵게 되자, 미국으로 건너가 대량생산 방법을 연구하였다. 얼마 후 페니실린의 양산에 성공하여, 1943년에는 한 달에 50만 명을 치료할 수 있는 페니실린을 생산하게 되었다.

페니실린의 효과는 극적이었다. 성병, 패혈증 등 100여 종류 이상의 병원균에 효과가 있다는 것도 판명되었다. 플레밍, 체인, 플로리는 제2차 세계대전이 종료된 1945년에 노벨생리학·의학상을 수상하게 되었다.

노벨상 수상자의 행적은 어느 누구든 극적이고 감동적이고, '기초의 발견자' 이야기로 가득 차 있다. 나는 1994년에 "기초의 교육적 발견 ─ 구상(救象)교육철학으로서의 기초주의"라는 제목으로 한국사회과교육학회에서 발표하며 '기초의 발견'의 의미를 교육철학적으로 강조한 바 있다. 이 논문은 한국사회과교육학회의 학술지 『사회와 교육』(제19집)에 게재되었고, 다시 나의 저서 『21세기 한국의 교육학』(2001) 제4장(62-83쪽)에도 수록되어 있다.

제5조
밝은 눈, 찬 머리, 뜨거운 가슴

우리 집에서는 상당히 일찍부터 이 말을 식사할 때마다 화제 삼아 해왔기에, 어느덧 우리 집 「가훈(家訓)」이 되었다. 그러기에 언론사에서 보내오는 앙케이트의 '가훈란'에 이 말을 기입하고 있다. 그러니 지금도 각 신문사에서 나오는 『인명록』의 '한기언' 관련 사항 중 우리 집 「가훈」으로서 기재되어 있는 줄로 알고 있다. 이 세 마디가 '3이념'이라고 한다면, 우리 집 「가훈」의 '1핵'에 해당하는 말로 "만사에 마음을 옳게 써야 하느니라."라는 선친 한영우(韓榮愚) 공의 가르침이 있다. 그러기에 우리 집 아이들 역시 이 말을 자주 입에 올리고 있다.

이렇게 자연스럽게 식구들 귀에 익고 있는 말에 "발전(發展)과 통정(統整)의 율동적 자기 전개"라는 말이 있다. 이것은 사람은 누구나 평생 공부를 해야만 된다는 가르침인데, 사회에 나가 일하며[=발전], 또 자기 충전의 기회를 얻고[=통정], 그렇게 해서 발전과 통정의 율동적 자기 전개가 있어야 함을 강조한 말이다.

1. 밝은 눈

육안(肉眼)이 밝다는 것은 하나의 축복이다. 나 역시 좋은 시력을 가지고 있었다. 30대 중반까지도 좌우 1.5였으니 시력에 대해서는 별로 신경을 쓰지 않고 있었다. 1958년 미국에서 귀국한 후 몇 해 동안 강의 이외에는 군자동 내 집 서재에서 주로 집필 등을 하며 지냈다. 그러던 어느 날 길에 나가 멀리서 걸어오는 사람을 보니 한 사람이 겹으로 보이고 초점이 흐려지는 것을 느꼈다. 또 대학 강의실에서 수 강하는 뒷좌석 학생을 보니 역시 한 사람이 겹으로 보이는 것이었다. 집에 와서 집사람에게 이 얘기를 했더니 근시(近視)가 된 것이니 안경을 쓰라고 권하였다. 결국 그때부터 지금까지 안경을 사용하고 있다. 그러나 다행스럽게도 책을 읽을 때나 집필할 때에는 안경 없이 하는 쪽이 편해서 결국 안경은 외출할 때만 쓰고 있다. 영어 사전에 나오는 작은 글자도 읽을 수 있다. 그러나 이제는 정확을 기하기 위해서 돋보기로 보기도 한다.

그런데 나는 수년 전 대상포진으로 해서 왼쪽 눈의 시력이 떨어져 한동안 고생한 적이 있다. 통원 치료를 다니게 되었을 때도 왼쪽 눈의 시력 감퇴로 계단이 이중으로 보여, 결국 왼쪽 눈을 감고 한 눈으로 계단을 확인해 가면서 내려가곤 했다. 이 당시에는 책 읽기 역시 어려 웠다. 대상포진 치료와 함께 안과 진료도 받으면서 이제는 정상화되어 천만다행이다. 80대 후반 어느 노학자의 실토를 들은 적이 있다. 시력이 떨어져서 신문을 볼 때도 돋보기를 두 개 겹쳐서 겨우 읽고 있다면서, 의사가 위험한 일이라며 금하더라는 것이다. 아직은 거기까지 가지 않았으니 다행이다. 내 나이 한 달 후면 만 84세가 되니 나 역시 틀림없는 노인이다.

이렇듯 '밝은 눈'은 소중하기 이를 데 없는 것이다. 그런데 내가 「가훈」으로서 '밝은 눈'을 강조하는 것은 육안(肉眼)의 중요성은 물론이거니와 그 이상으로 '심안(心眼)'과 '역사의식'의 문제를 중요시하는 것이다. 사실 육안으로 말하면 아무리 밝은 눈이라 하여도 어느 정도 멀리 떨어져 있는 곳은 제대로 보지 못한다. 그러기에 망원경을 사용하고 있지만, 이것 역시 앞에 건물이나 장애물이 있어 가리게 되면 더는 볼 수가 없다. 사실 인생에 있어서 중요한 것은 육안의 밝음과 아울러 정확하고 멀리 투시(透視)할 수 있는 '역사의식'이라는 밝은 눈이라 하겠다. 이 '역사의식'이 없으면 위기일 때 처신을 그르치고 마는 것이다.

역사상 밝은 눈을 가진 사람으로 나는 율곡(栗谷) 이이(李珥)를 꼽고 있다. 그가 '십만 양병설'을 내세워, 훗날 일어난 임진왜란을 예견한 것은 바로 그가 역사적 안목, 즉 밝은 눈의 소지자임을 입증하는 것이라 하겠다. 이러한 안목을 지니기 위해서는 교양으로서 '역사'를 공부해야 한다. '역사'에서는 시대사조에 관한 지식을 얻게 되고, 그것이 교양이 되어 처신을 제대로 할 수 있게 된다고 본다.

춘원(春園) 이광수나 육당(六堂) 최남선 같은 인재가 일제시대 말기 잘못된 처신으로 해서 혹독한 비난과 오해를 사고 있는 것 역시 '역사의식'의 문제요, '밝은 눈'의 문제라 할 수 있다. 이와 반대로 이를테면 남강(南崗) 이승훈, 도산(島山) 안창호의 행적을 보면, 한국의 독립을 확신하고 스스로 처신은 물론이요, 젊은 애국지사 배양에 힘씀으로써 비록 그들은 독립의 날을 보지 못한 채 세상을 떠났으나 오늘날 대한민국의 정초(定礎) 작업을 이룬 역군들을 남기고 갔던 것이다. 이것이 내가 말하는 '역사의식'이요, '밝은 눈'이다.

2. 찬 머리

이는 '냉철한 사고력'을 가리켜 한 말이다. 우리가 처신하는 데는 '바른 판단'이 요구된다. 그러기 위해서는 충분한 정보 수집이 필수적이다. 그러기 위해서도 우리는 학교교육에서 부과하고 있는 전 과목을 통달할 필요가 있다. 이러한 소양이 부족할 때 '올바른 판단' 역시 어려운 법이다. 판단을 그르칠 때 그 결과는 참담한 법이다.

얘기는 엉뚱한 것 같으나, 중국 사람들이 사용하는 인장(印章)에는 상하(上下)를 쉽게 알아볼 수 있는 표시가 없다. 이는 서류에 자기 도장을 찍을 때 다시 한번 잘 생각해 보라는 뜻이 담겨 있다. 즉 도장을 손에 들었을 때 상하가 제대로 되어 있는가, 그 서류에 날인하는 게 좋은가 나쁜가 다시 한번 생각할 기회를 주는 의미가 담겨 있다. 이렇듯 우리에겐 '찬 머리'가 요청된다.

그러한 '명석한 두뇌'를 갖기 위해서는 교육을 제대로 받아야만 한다. 학교에서 공부하는 일이 왜 중요한가를 잘 생각해 보아야 한다. 제대로 배우지 못한다면 아무래도 부족한 면이 나중에 중요한 판단을 할 때 '부(負)'로 작용할 수가 있기 때문에, '경계의 말'로 찬 머리를 강조하는 것이다.

3. 뜨거운 가슴

"이 세상에 정열(情熱) 없이 이루어진 것은 하나도 없다."라고 말한 괴테의 말이 상기되거니와, 제대로 보고 올바르게 판단하였다고 하여도 실천하지 않으면 아무것도 아니다. '실천'하려는 '정열'이 요청되는 것이다. 그것을 가리켜 나는 '뜨거운 가슴'이라고 한다.

이상 '밝은 눈, 찬 머리, 뜨거운 가슴'이라는 우리 집「가훈」은 비단 우리 집만이 아니라 모든 사람이 일상생활의 교훈으로 삼아도 좋으리라고 본다. 사소한 예 하나를 이 '교훈'과 관련지어 말해 보고자 한다.

요즘은 시내버스 정류장과 운행이 잘 정비되어 전보다는 나아진 것으로 알고 있지만, 전에는 버스가 정류장에 설 때 정차 위치가 일정치 않았다. 어떤 때는 정류장 못 미치는 곳에, 또 어떤 때는 훨씬 지난 지점에 서기도 하였다. 이러한 현상은 방향이 다른 여러 대의 버스가 밀릴 때 더욱더 심하게 나타난다. 그래서 내가 현역 교수 시절에 버스를 타려고 할 때는「가훈」에 따라 멀리서 오는 버스가 내가 타려는 버스 번호인지부터 확인한다. 이때 '밝은 눈'이 필요하다.

다음으로 그 버스라 판단되면, 정차할 위치가 어디쯤 될 것인가를 짐작해야 하는데 '찬 머리'가 요청된다. 그러나 하도 오래 기다리던 버스가 온 관계로 타려는 사람이 많아 어물어물하다가는 제대로 타지도 못한다. 이때 요청되는 것이 '뜨거운 가슴'이다. 이 비근한 예를 어느 교장 강습회 강연 석상에서 한 적이 있다. 물론 강연 주제는 다른 것이었지만….

그런데 강연이 끝난 후, 강연장을 나서는 나의 뒤를 바짝 쫓아 온 어느 나이 지긋한 교장 한 분이 웃으면서 하는 말이, "이번 강연을 듣던 중 깨달은 것이 있습니다." 하면서, '밝은 눈, 찬 머리, 뜨거운 가슴'은 '젊은이들의 연애'의 교훈도 되겠다는 생각이 들더라는 것이다. 즉 참한 배필감을 제대로 볼 줄 아는 '밝은 눈'과 자기 배필감인가를 냉철하게 판단하는 '찬 머리', 그리고 확신이 서면 주저함 없이 꼭 잡으려 행동하는 '뜨거운 가슴'이라는 것이었다.

'진리'의 보편성 입증인 셈이다.

제6조

널리 읽고, 깊이 생각하고,
아름답게 표현하여라

1953년 봄에 있었던 일로 기억한다. 하루는 나의 은사님이시자 장인(丈人)이 되시는 고(故) 서은(西隱) 김기석(金基錫: 1905-1974) 교수님께서 글 쓰는 얘기를 꺼내셨다.

"좋은 글을 쓰려면, 우선 좋은 글을 많이 읽어야 한다. 그리하여 마침내 하나의 개성 있는 문장의 자기 틀을 갖게 되어야 한다. 나의 글은 이름 석 자를 가리고도 김 아무개가 쓴 글이구나 하는 것이 드러나게 되어 있지." 하셨다. 사실 그렇다. 서은의 글은 격조 높은 명문(名文)이다. 『새로운 윤리』(全 4권, 후에 『倫理』全 6권이 나옴)라든가, 『현대정신사』에 실린 글들, 그 모두가 명문이다.

나는 지금도 글 쓸 때마다 그때 선생님께서 일러 주신 말씀을 회상하며 명문과 멀기만 한 나 자신의 글솜씨에 반성을 거듭하고 있다.

1. 1단계: 널리 읽고

여기에는 이를테면 고전(古典) 읽기가 큰 도움이 되리라 생각하고 있다. 그래서 나 역시 교육학의 고전 읽기를 내 분야에서는 강조하고 있다. 내가 쓴 논문인 "교육고전서설 - 교육고전의 성격"(『교육철학』제14-2호, 한국교육학회 교육철학연구회, 1996)은 이런 의미에서 작

성된 것이다. 이 글은 나의 저서『기초주의 교육학』(초판본: 학지사,
1999, 개정판본: 한국학술정보[주], 2002) 53-66쪽에 수록해 두었다.

  여기서 나는 '교육고전 선정의 기준'으로 다음 여섯 가지를 지적해
두었다. 우리가 '널리 읽는다'고 하여도 좋은 책을 선정할 수 있어야
하기 때문이다.

(1) 수월성(秀越性)

  교육고전 선정의 첫째 기준은 수월성이라고 본다. 고전을 영어로
'클래식'이라고 하거니와 클래식이란 로마시대에 제1급에 속하는 신
분을 의미하였다는 사실을 상기함이 좋으리라고 본다. 그런 의미에서
교육고전이란 교육에 관한 제1급서이다. 쉽게 말해서 이 세상 수많은
책 가운데서 그 이상 가는 책이 달리 없다고 하여 단 한 권의 책으로
꼽히는 책이 바로 고전이다.

  비유적으로 말해서, 인류의 지구 탈출이라는 상상하기조차 싫은 비
상사태가 일어났을 때 "꼭 이 책만은"이라고 하여 선택된 한 권의 책
(허용된 단 한 권의 책)이야말로 그에게 있어서는 고전이다. 이에 교
육고전의 첫 번째 선정 기준으로 수월성을 꼽아본 것이다.

(2) 진리성(眞理性)

  교육고전의 두 번째 선정 기준은 진리성이라고 본다. 그 책의 내용
이 초시대적 진리성을 지니고 있을수록 고전으로서의 특성을 지니고
있다고 할 수 있을 것이다. 이는 말을 달리하면 시대가 바뀌어도 여전
히 새 맛이 나고 신선미가 있는 책을 뜻한다. 우리는 고전에서 이 진
리성이 높을수록 그것이 지니는 고전적 가치가 높다고 본다. 인(仁)이
니 자비(慈悲)니 사랑, 도(道)를 설파한 고전들이 오늘날에도 교육고전
으로서 널리 읽히는 까닭이 바로 이 진리성에 있다.

(3) 전거성(典據性)

교육고전의 세 번째 선정 기준은 전거성이라고 본다. 사상적 영원성 내지 근원성을 뜻하는 것으로, 후세에 그와 유사한 주의나 주장이 나오게 되었을 때, 그 근원과 전거를 이루는 것일수록 고전으로서 가치가 높다고 할 수 있다. 공자의 언행록인『논어』를 비롯해 이른바 사서오경, 불타의 초기 사상을 간직한『숫타니파타』, 그리고 플라톤의『국가』등의『대화편』은 교육고전이 보여주는 전거성을 입증하고 있다고 본다.

(4) 획기성

교육고전의 네 번째 선정 기준은 획기성이다. 획기성은 고대나 중세의 저서(고전)에서도 물론 찾아볼 수 있는 특성이거니와, 교육고전 중에는 저술 연대가 반드시 고대나 중세가 아닌데도 대단히 중시되는 것이 있다. 그 까닭은 다른 특성과 아울러 특히 전시대와 후시대를 구획(區劃) 짓는 획기적(劃期的)인 특성을 보이기 때문이다. 이전까지 주장된 것과는 전혀 다른 면에서 새로운 주의, 주장을 하는 경우이다. 이를테면 루소의『에밀』이라든가, 헤르바르트의『일반교육학』에서 이러한 획기성을 찾아볼 수 있다. 또한 고대 로마의 퀸틸리아누스의『변론가(혹 웅변가) 교육론(Institutio Oratoria)』역시 '획기성'이라는 특성을 보여주었다.

(5) 모범성

교육고전의 다섯째 선정 기준은 모범성이라고 본다. 저자의 고매한 인품, 인격이 지닌 모범성을 강조하려는 것인데, 후세 사람들에게 영향력이 크다는 점을 가리켜서 하는 말이다. 즉 이 기준의 의미는 인간 형성에서의 교육적 영향력을 뜻한다. 예컨대『논어』에 나오는 글귀

중 '화이부동(和而不同)'이라는 말이 있다. 이 말 한마디만 하여도 심오한 인간 처세의 진리가 담겨 있기에, 특정 인물의 인간형성에 지대한 교육적 영향력을 미쳤다고 한다면, 이는 그 고전이 지니는 모범성의 특성을 입증한 것이라 하겠다. 또한 교육고전이니만큼 나는 저작자의 인품과 사상의 탁월성을 동시에 고려해야 한다고 본다. 달리 말하면 교육고전의 저자가 지니는 '모범성'도 고려해야 한다.

(6) 현대성

교육고전의 여섯째 선정 기준은 '현대성'이라고 본다. 이것은 초시대적 진리성에서 오는 당연한 결과이기도 한데, 현대성이 짙을수록 교육고전으로서의 의미는 크다고 하겠다. 고전이 수천, 수백 년이라는 시간적 거리를 뛰어넘어 내용이 시사하는 것에 여전히 신선미(新鮮味)가 남아있는 점 그것이 곧 현대성이다. 현대적 시사성(示唆性)의 풍부함 여하가 교육고전 선정 기준의 하나가 되어야 하는 것이다.

2. 2단계: 깊이 생각하고

'널리 읽고' 다음은 '깊이 생각'하는 일이다. 그런데 의외로 자기 머리로 생각하는 일이 번거로워 '깊이 생각하지 않고' 지나치는 일이 많은 것 같다. 이래서는 안 된다. 사실 누구나 깊이 생각하려면 머리를 써야 하는데, 이는 골치 아픈 일이다. 그러므로 대강대강 넘어가려 한다. 그러나 자기 생각을 가다듬어 본다는 일은 대단히 중요한 일이다. 왜냐하면, 자기 생각이 없으면 결국 남의 얘기를 되파는 일밖에 하지 못하고 말기 때문이다. 그래서는 자기 철학이 탄생할 길이 없을 것이다. 개성 있는 자기 문장 역시 나올 수 없다. 따라서 우리는 아무리 고통을 수반하는 일이라고 하나 자기 머리로 깊이 생각하는 일이 몸에 배어야 할 것이다.

3. 3단계: 아름답게 표현하여라

이 세 번째 단계인 '아름답게 표현하여라'와 관련하여 생각나는 일 하나를 적음으로써 이에 관한 설명으로 삼고자 한다. 이는 1999년 12월 17일 중국 남경고도 반점에서 행한 나의 논문 "교육의 '구(球)'적 인식"에 따라 행하여진 질문이었다.

질문(김선양 교수): (내가 배포한 논문 소책자) 14쪽에 "I. 널리 배우고, II. 깊이 생각하고, III. 아름답게 표현하여라"라고 하였는데, '아름답게 표현하여라'는 적절치 않다고 본다. '정확하게 (착실하게) 표현하여라'라고 해야 옳을 줄로 안다. 단순히 '아름답게 표현하여라' 가지고는 부족하다고 본다. 어떻게 생각하시는지?

답: '아름답게 표현한다'는 것에는 이미 '정확하게 표현한다'는 것이 들어가 있고, 또한 전제가 되어 있는 것이다. 이를테면 로댕의 조각 작품 중 '발자크 상(像)'이 있다. 그는 이 작품 의뢰가 있자 현지에 가서 실제로 발자크가 입던 목욕옷 등을 살펴보고, 발자크의 몸 둘레에 대하여 세밀한 계측을 했다. 그 결과 만든 것이 발자크 상이다. 발자크의 실제 몸이 감추어진 채 아주 단순화한 동상이 된 것인데, 실제는 정확한 측정과 표현을 시도했음은 물론이다. 이 사실을 제대로 이해하지 못한 발자크협회 의뢰인들은 불만을 품고 오래도록 작품 인수를 거부하기도 하였던 것이다. 그러니 훗날 이 작품이 명작으로 알려져 있음은 주지의 사실이다. 로댕의 '칼레의 시민상' 표현에 있어서도 역시 오해가 있었다는 것은 유명하거니와, 그의 작품은 언제나 정확하게 표현하는 것을 전제로 하되 예술적 표현, 아름답게 표현하려고 하였던 것이다. 이러한 점으로 미루어 보아도 알 수 있듯이, '아름답게 표현하여라'라는 말속에는 '정확하게 표현하여라'라는 것이 전제되어 있는 것이다.

이것이 나의 답변이었다. 즉 기능성과 아름다운 '미적 표현'에는 양자 성립이 가능하게 되어 있다. 이를테면, 자동차나 기차의 기관차, 항공기의 형태 역시 '유선형'으로 되어 있는데, 이 미적 표현 역시 기능성을 최대한 발휘한 것이니, '아름답게 표현하여라'라는 말의 깊이 역시 이해가 가리라고 생각한다.

제7조
전통과 개혁의 조화를 통한
인간형성의 논리

　이 말을 처음으로 쓴 것은 1966년 발표한 논문 "기초주의의 제창 - 전통과 개혁의 조화를 통한 인간형성의 논리 서장"에서였다. 「기초주의」를 명명한 지 만 9년 후의 일이었다. 그러나 이 생각은 명명 당시부터 지니고 있었던 가장 핵심적인 발상이기도 하다. 흔히 말하기를 늙은 세대는 '전통'을, 젊은 세대는 '개혁'을 내세운다고 하면서 세대차를 말하고 있지만, 한 사회의 발전은 이 '전통(늙은 세대)'과 '개혁(젊은 세대)'의 조화에서 가능하다는 것을 우리는 알고 있다.

　이 진리는 개인에 있어서도 마찬가지이다. 즉 선인(先人)의 업적에서 많은 것을 배우고[=전통], 자기 위치와 사명을 각성하여 새로운 시도[=개혁]를 함으로써 업적을 낼 수 있는 것이다. 이러한 생각의 원형을 나는 15세 때 읽은 『로댕의 유언』에서 얻었고, 이는 나의 「기초주의」의 '원형(原型)'의 하나가 되었다. 또 하나의 원형은 현역 수영선수생활 10년간을 통해서 얻은 수영의 원리이다. 이런 얘기는 "나의 원체험(原體驗)과 「기초주의」"(『민주교육』제16호, 2006)에서 피력한 바 있다.

　이 『로댕의 유언』은 그 전문을 나의 저서 『상황과 기초: 구상(球象) 교육철학으로서의 기초주의』(1990, 329-333)에 게재한 바 있다. 또 김선양 논문인 "기초주의와 로댕의 유언"(『교육의 세기와 기초주의』, 1997, 177-189)은 기초주의 40주년 기념논문으로서, 기초주의의 요지와 『로댕의 유언』을 친절하게 해설하여 이해하기 쉽다.

「기초주의」는 '위상학적(topological)·관계성적 성격의 교육학'이요, '구상(球象) 교육철학'이다. 나는 「기초주의」의 특성으로서 다음과 같은 여섯 가지를 들고 있다.

1. 포괄성(包括性)

모든 것에는 기초(基礎)가 있다. 다른 모든 것이 있어도 그것이 없으면 전부가 없는 것과 같은 포괄자(包括者)가 곧 '기초'이다. 그러기에 기초는 달리 말하면 '진리'다. 진리인 기초에서 멀어질 때, 그것은 있어도 없는 것과 마찬가지인 것이 된다. 우리는 이러한 일을 체험의 세계 도처에서 본다. 그러기에 '기초'는 가위로 치면 '사북'과 같은 '요충'이기도 하다. 이 요충적 기능을 가진 사북이 못 쓰게 될 때, 그것은 가위 자체를 무의미하게 만들기도 한다. 그만큼 소중하고 전체를 대표하고 모든 기능을 집약하며 포괄한 것이 곧 '기초'이다.

통념적으로도 기초가 중요하다는 것은 흔히 말하여지거니와 이 사실은 교육에서도 그대로 들어맞는다. 그러기에 성적이 좋지 않은 학생을 걱정하는 학부모에게 우리 교사들은 "기초만 제대로 잡히면 문제없습니다. 곧 성적도 좋아질 것입니다."라고 말한다. 이것은 무엇을 의미하는 말이겠는가? 그런데 '기초'는 이미 말한 바와 같이 '진리' 자체이기에 우리가 잠시도 진리에서 떠날 수 없듯이 기초에서도 떠날 수는 없는 것이다. 교육은 기초에서 시종(始終)하는 인간 기업이다. 여기에 '기초의 발견'이 있다. 동서양의 교육사상사를 상고해 볼 때, 인간형성의 핵사상으로 말해지는 것은 많다. 인(仁)이니 이데아니, 법(法)이니 도(道)니 하여, 또 때로는 자연(自然), 이성(理性), 신앙, 문화, 심미, 경험, 실존, 구조 등등 여러 가지로 표현되며 각기 말해지고 강조되어 왔다. 그 모두를 한마디로 말한다면 무엇이겠는가? 바로 '기초'이다. 이를 각기 하나의 강조점, 하나의 기능을 주장할 때 위에 열거한 바와 같은 가지가지의 표현이 된다고 하겠다. 포괄자로서 '기초'를 말하는 까닭이 바로 여기에 있다. 그리고 새로운 교육 술어로서 '기초'를 말하는 까닭 또한 '교육이란 기초에 시종하는 인간 사회의 기본 기능'이라는 새로운 인식에서 오는 소치이기 때문이다.

실로 '기초'란 체험의 세계에 있어, 그러기에 통념(通念)으로서도 그 중요성이 널리 받아들여지고 있다. 그뿐만 아니라 '기초' 개념의 교육철학적 해석은 그것이 대단히 귀중한 인간형성의 핵사상체임을 알게 한다. 여기에는 인간형성의 논리가 담겨 있다. 즉, '전통 × 주체 × 개혁 = (기초주의의) 기초', '소재(素材) × 의지(意志) × 기술(技術) = 창조(創造)', '감 × 마음씨 × 솜씨 = 멋', 'Essence × Sentiment × Elegance = Excellence(Mutt)'라는 등식으로 설명할 수 있다.

기초주의는 모든 사람의 인생을 예술적 경지로까지 승화시키는 인간형성의 기본원리이며, 역사적 의식인[2]을 배양함으로써 세계의 항구적 평화와 인류의 번영을 지향하는 민주주의적 교육철학이다.

2. 통합성(統合性)

기초주의에서는 역사적 자아의 의식 구조를 '구(球)'라고 상정하고 있다. 이것은 이를테면, 시간성 대(對) 공간성, 항존성 대 변화성, 단치성(單値性) 대 다치성(多値性) 등 현대 교육철학적 과제를 '대립'의 입장에서가 아니라, '조화'의 관계에서 풀어보려는 새로운 인간형성의

---

2) [편집자주] 6.25 당시 한국 참전을 결정한 해리 S. 트루먼 미국 대통령은 고졸(高卒) 학력의 소유자였지만 '위대한 대통령 랭킹 6위'에 올라 있는 '결단의 사나이'이다. 퇴임한 뒤 쓴 『책임이 머무는 곳(Where the Buck Stops)』이란 책에서 그는 성공한 대통령을 만드는 가장 큰 요인을 '좋은 성격'과 '역사적 교양'이라고 주장하였다. 트루먼 대통령은 비록 대학교는 다니지 않았으나 어릴 때부터 독서를 통하여 깊은 역사적 교양을 터득하였다고 한다. 좋은 성격은 일정 부분 타고나는 것이라고도 할 수 있지만, 이 책의 제12장에 나오는 "항상 마음을 옳게 써야 하느니라."와 같은 가훈을 통해 길러질 수도 있을 것이다. 또한 역사적 교양은 기초주의에서 말하는 '역사적 교양인'과 맥을 같이 한다.

논리이다. 즉 통합성의 특징을 지적할 수 있다.

생각건대 현대 교육철학이 해결해야 할 과제로는 크게 세 가지가 있는 줄로 안다.

첫째는 시간성과 공간성에 관한 문제이다. 교육의 원리를 말하면, 오랫동안 '공간성의 원리'가 주류를 이루어왔다. 이것은 일찍이 동양에서는 공자의 가르침이요, 『대학』의 8조목은 수신(修身) 제가(齊家) 치국(治國) 평천하(平天下)라고 하였듯이, 교육은 가깝고 작은 것으로부터 멀고 큰 것으로 이루어져 간다는 생각이다. 이와 비슷한 생각을 다른 말로 한 것이 페스탈로치이다. 그러므로 슈프랑거는 페스탈로치의 교육원리를 『사고의 형식』이라는 책에서 '생활권(生活圈) 확대의 원리'라는 말로 표현하였다. 이리하여 현대 교육에서는 교육이 바로 '여기와 지금'이라는 관계에서 행해질 것이 역설된다.

이렇게 동서와 고금을 통하여 '공간성의 원리'는 매우 중요한 하나의 교육원리가 되어왔다. 이 경우 두 가지 극단을 생각해 볼 수 있다. 하나는 개인을 중시하는 생각이요, 또 하나는 사회나 국가를 강조하는 생각이다. 루소의 개인주의 교육사상과 피히테의 민족주의 교육사상이 서로 대립하게 된다. 이러한 개인주의와 민족주의의 대립을 듀이는 「나의 교육적 신조(My Pedagogic Creed)」(1897)에서 조화시켰다. 즉 그는 심리학적인 면과 사회학적인 면은 둘 다 중요하며, 그중 어느 하나만을 택할 성질의 것이 아니라고 하였다. 또 하나의 교육원리는 딜타이나 슈프랑거 등 정신과학적 교육학자에 의하여 발전된 '시간성의 원리'이다. 그들은 교육이 문화재의 전달과 창조에 있음을 강조한다. 또 본질주의나 항존주의는 시간의 계열에 있어서 과거를, 진보주의는 현재를, 개조주의는 미래를 강조한다.

결국 현대 교육은 시간성과 공간성의 원리를 어떻게 통합하느냐는 과제 앞에 서게 된 것이다. '기초주의'는 인간의 의식 구조를 '구(球)'로 상정하고, 이 모두가 통합될 수 있음을 밝히고 있다. '구상교육철학으로서의 기초주의'라는 말을 하는 까닭도 또한 여기에 있다.

둘째는 항존성과 변화성에 관한 문제이다. 이 두 가지 원리를 놓고 가장 심각한 대립을 보여온 것이 진보주의와 항존주의이다. 널리 알려진 바와 같이, 허친스나 마리땡에 의해 대표되는 항존주의는 고전을 배우는 의의가 절대적임을 강조한다. 그 까닭은 모든 진리는 이를테면 플라톤이나 아우구스티누스 및 아퀴나스 등 고전에 담겨 있다고 보기 때문이다. 그러므로 그들은 진리의 불변성과 절대성을 내세운다. 이와 달리 듀이나 킬패트릭 등으로 대표되는 진보주의는 계속적인 변화를 말한다. 따라서 교육의 목적도 끝없는 성장의 관계에서 말하게 된다. 그들은 상황성을 중시한다.

결국 현대 교육은 항존성과 변화성의 대립을 어떻게 통합하느냐는 과제 앞에 서게 된 것이다. '기초주의'는 기초라는 교육의 본질 추구와 그가 처해 있는 역사적 상황성을 크게 고려한다는 점에서 이 양자가 각기 의미가 있음을 밝혀내고 있다.

셋째는 단치성과 다치성에 관한 문제이다. 단치성이란 오랫동안 동서를 막론하고 유독 하나의 가치만이 한 시대 한 사회를 지배하고, 신봉되어 왔음을 가리켜서 하는 말이다. 이를테면 서양 중세 천 년간은 널리 알려진 바와 같이 '신앙(信仰)'이라는 단일한 가치를 강조했다. 그러나 서양 근대에 이르면 '신앙'보다도 인간의 '이성(理性)'을 보다 값진 것으로 강조하게 된다.

이것을 우리나라 교육사상에 비추어 보아도 단치성의 역사였음은 사실이다. 유교가 교육이념으로 강조되던 조선시대에는 같은 유교이면서도 주자학(朱子學)이 주류를 이루면서 육상산이나 왕양명의 육왕학파의 가르침은 사문난적(斯文亂賊)으로 간주되었다. 하물며 숭유척불(崇儒斥佛)의 분위기에서 불교의 가르침을 공공연히 가르쳐질 수 있으리라고는 생각조차 할 수 없었다. 그런데 미국의 프래그머티즘은 이와 같은 가치의 절대주의를 상대주의로 바꾸어 놓았다. 여기에 다원적 가치관이 말해지게 되는 것이다. 다치성이란 이것을 가리키는 말이다.

결국 현대 교육은 단치성과 다치성의 대립을 어떻게 통합하느냐는 과제 앞에 서게 된 것이다. '기초주의'는 논리구조 지남적 기능에 비추어 보아도 알 수 있듯이, 교육적 가치체계와의 관계에서 통합적이고 다원주의적인 가치관의 길을 제시하고 있다. 이 모두가 통합성의 특징을 예증(例證)한다.

3. 역동성(力動性)

이것은 '기초와 역사적 상황성'을 가리키는 말이다. 변화 가운데 변하지 않는 것의 추구가 기초주의의 '기초'이거니와, 그러니만큼 역사적 상황성에도 관심을 쏟는다. 여기에는 전통일치형을 비롯하여 전통불일치형, 개혁불일치형, 개혁일치형, 전통·개혁동시형, 개혁·전통동시형이라는 여섯 가지 유형이 상정되어 교육사상적 해명(解明)을 가능케 하고 있다.

첫째는 전통일치형(傳統一致型)이다. 이것은 그 시대를 주도하는 교육사상과 사회체제가 다 같이 기존의 가치체계를 계속 유지·강조한다는 점에서 '전통일치형'인 것이다. 이러한 경우 교육사상은 그 사회가 시인하고 있는 사회적 풍토 내지 이데올로기가 어찌하여 타당한가를 철학적으로 해명하여, 그것의 심화를 위하여 힘쓰는 방향을 취하는 것이 주요 임무가 된다. 이를테면 기독교정신이 지배했던 서양 중세에 있어서 토마스 아퀴나스가 이룩한 신학적 공헌이 바로 이러한 것이라 할 수 있다.

둘째는 전통불일치형(傳統不一致型)이다. 사회가 혼란해진 시대에 이를 바로잡기 위해 교육사상은 전통을 지향하는 경우이다. 이를테면 중국의 경우, 춘추전국시대에 공자나 맹자가 요임금과 순임금, 우임금의 삼대지치(三代之治)를 머리에 그리면서 인(仁)과 의(義)를 강조한 것은 그 옛날 가치 있었던 것들이 무너진 데 대하여 다시금 이것을 복

고주의적으로 바로 세워 보려했던 노력의 흔적이다.

셋째는 개혁불일치형(改革不一致型)이다. 사회가 시대적 타성으로 보수성을 보이는 데 반하여, 교육사상은 이것을 개혁하고자 미래지향성을 보이는 경우이다. 이를테면 종교개혁 시대에 루터가 행한 역사적 역할을 바로 이와 같은 관계에서 설명할 수 있으리라고 본다.

넷째는 개혁일치형(改革一致型)이다. 사회나 교육사상이 다 같이 전대(前代)의 구각(舊殼)에서 벗어나 새로운 가치체계를 구축하고 구현해 보려고 하는 경우이다. 이를테면 타락한 불교 세력으로 인해서 많은 폐해를 자아내던 고려사회를 개혁하고자 조선왕조는 척불숭유 정책으로 민심을 새롭게 해 보려고 하였던 것이다. 이 때 크게 활약한 인물이 양촌(陽村) 권근(權近)이었으며, 그의 『양촌집(陽村集)』에 담긴 수많은 글로도 알 수 있듯이, 그는 철두철미 유교가 불교보다도 탁월한 사상임을 갈파하고, 효(孝)·공(公)·관(寬)·근(勤)·신(信)의 다섯 가지 덕을 지닌 명륜인(明倫人)이 될 것을 강조한다.

다섯째는 전통·개혁동시형(傳統改革同時型)이다. 파괴되고 상실된 전통을 되살리는 동시에 후진성 극복을 위하여 개혁이 요청되는 역사적 상황에서 성립되는 유형이다.

여섯째는 개혁·전통동시형(改革傳統同時型)이다. 이것은 '다섯째'의 쌍둥이 유형이라 할 수 있다. '전통·개혁'이라는 표현 대신에 '개혁·전통'이라 한 것은 동시는 동시로되, 그러면서도 '전통'을 앞에 놓느냐, '개혁'을 앞에 놓느냐의 표현상 미묘한 차이를 보이기 때문이다. 우리의 경우 8·15 광복과 더불어 전통·개혁동시형을 내세우는 세력과 개혁·전통동시형을 내세우는 미묘한 차이를 가진 세력의 출현을 볼 수 있었다. 그 때문에도 이렇게 두 가지 유형을 들 수 있는 것이 아닌가 한다.

4. 실증성(實證性)

기초주의에서는 '기초로부터 새로운 기초에까지'라는 말을 하나의 구호로 사용하기도 하거니와, 「기초주의의 방법론적 성찰도」는 기초주의가 지니는 실증성을 단적으로 보여주는 하나의 예라 하겠다. 이 성찰도는 기초주의의 방법론에 대한 원초적인 생각을 도식화해 본 것으로, 점선과 실선을 써서 전자는 위에서 아래로 내려오듯이 기성 교육철학의 수수(授受)라는 수동적 과정을 표시하였고, 후자는 아래로부터 위로 쌓아 올리는 것을 뜻하는 새로운 교육철학의 창조 과정을 표시하였다. 따라서 전자가 수동적 학문이라면, 후자는 능동적 학문이라고 보았다. 우리는 기성 교육철학으로부터 많은 것을 배워가면서, 한편 이에 만족하지 않고 새로운 교육철학을 창조해야 한다.

마침 내가 제창한 '기초주의'는 한국 및 세계가 직면한 시대적 요청을 크게 의식하면서 감연히 새로운 교육철학의 창조를 위하여 발을 내디딘 것인데, I. 체험의 세계 → II. 중간공리 → III. 일반공리의 순서를 밟음으로써 '기초주의'야말로 진정 보편성을 지닌 인간형성의 논리요, 새로운 교육철학이라고 내세울 수 있는 것이라고 보았다.

이러한 이론적 차원에서 나온 '기초주의'이기에 여기서 사용하는 여러 용어는 일차적으로 지역성이나 시대성, 특정 사상의 학파나 종교상의 전문 술어라는 색조가 전혀 없음을 알 수 있다. 그만큼 누구나 저항감 없이 받아들일 수 있는 일상용어를 채택한 것이다. 이를테면 '3이념 6개념'의 경우만 해도 그러하다. 통념적인 정의와 아울러 기초주의에서 사용하는 개념을 규정하면 큰 혼란 없이 계속 사용할 수 있을 것으로 보았다. '기초주의'의 '기초' 개념 역시 예외가 아니다. 나는 그 개념을 명확히 하기 위해서 교육철학적 신석(新釋)을 꾀한 바 있다. 또 '3이념 6개념'에 대해서도『한국교육의 이념』(1968)에서 어느 정도 개념을 규정한 바 있다. 그러나 이 모든 것이 장차 그 개념을 더욱 명확히 규정할수록 더욱더 좋음은 말할 나위도 없다. 다만 내가 구상한 바를 단시일 내에 모두 밝힐 수 없는 사정이니, 앞으로도 이 노력은 계속되어야 할 것이다.

그런데 '기초주의'는 처음부터 새로운 교육철학으로서, 그 체계성을 완성하기 위하여 방법론상 세 가지 기본 방침을 구상해 보았다. 첫째는 말할 나위도 없이 '기초주의' 자체를 뜻하는 이론적 차원이다. 둘째는 한국적 차원이다. 여기에는 한국의 교육적 전통을 비롯하여 한국교육의 현실 및 미래가 모두 포함된다. 특히 한국교육철학의 재발견에 역점을 둠은 물론이다. 셋째는 비교교육철학적 차원이다. 이것은 한국 이외의 여러 나라, 특히 선진 여러 나라들의 현대 교육철학이 연구대상이 된다.

이상 세 가지 차원, 즉 I. 이론적 차원, II. 한국적 차원 그리고 III. 비교교육적 차원은 각기 무엇을 이어받을 것이며(II), 무엇을 받아들일 것이며(III), 무엇을 이룩할 것인가(I)에 해당한다. 이는 내가 1965년에 쓴 『현대교육사조』의 서문에서 한국교육의 진로에 대하여 언급한 생각과 대응하는 것이기도 하다.

결국 내가 의도하는 바는 진정 새로운 하나의 교육철학(이름 지어 '기초주의')을 이론적으로 완성하는 것이다. 비록 많은 정력과 시일을 요하는 일이라고는 해도, 어디까지나 나 자신이 생(生)을 이어받아 태어난 우리나라, 한국의 역사적·문화적·사회적·사상적·자연적 제반 조건에 입각하면서, 또 다른 한편으로는 세계 인류의 교육적 예지(叡智, 여기에는 현대 교육철학의 여러 학설이 포함됨은 물론인데)로부터 많은 것을 끊임없이 배우면서, '이론적 차원'인 '기초주의'에 대한 부단한 사색과 아울러 준열한 자기 검토가 끊이지 않아야 하리라.

그동안 발표한 나의 여러 논저에는 때로 '기초주의'와 직접적인 관계가 없는 것처럼 여겨질 한국적 차원의 것 또는 비교교육철학적 차원의 것이 적잖이 있다. 하지만 그것도 귀일(歸一)하는 초점은 지극히 분명한 것으로서, '기초주의 교육철학'을 이론적으로 더욱 완벽하게 하기 위한 노력의 일단임을 이해할 수 있으리라고 본다.

5. 보편성(普遍性)

기초주의는 '인간형성을 위한 논리구조 지남적(指南的) 기능의 철학'이라고 할 수 있다. 이미 위에서도 기초주의가 지니는 '보편성'의 특성이 지적되었거니와 기초주의는 시간과 장소, 지위고하[시처위(時處位)]를 묻지 않고 적용될 수 있다. 또한 여기서 사용한 이념이나 개념 등 표현은 어디까지나 우리가 현대사회에서 세계적 규모로 널리 사용하고 있는 용어를 택하여 이를 하나의 교육적 술어가 되게 하였다. 이는 기존의 특정 기성 종교 중 어느 하나를 택하여 거기서 사용하는 용어로써 이념이나 개념을 표현하는 데서 야기되는 폐쇄성, 그와 반대 입장에 서는 수많은 사람의 저항감 등 부작용을 피하기 위해서이기도 하다. 그러므로 「기초주의의 구조적 이해」라는 표를 보아도 알 수 있듯이, 교육이념을 비롯하여 이상적 교사(교육자)의 특성, 교육적 인간상, 교육과정, 교육방법(교육연구법), 교육제도 등등 제 영역에서 사용한 용어는 특정 종교나 지역인만이 사용하는 특수용어가 아니라, 교육학의 소양을 가진 사람이면 누구나 이해할 수 있는 보편성을 지닌다. 더욱이 기초주의가 제시한 '전통과 개혁의 조화를 통한 인간형성의 논리'라는 것은 한국은 물론 세계 어느 곳에서나 인간형성의 논리로서 통할 수 있으니, 보편성을 지닌다고 하겠다. 또한 기초주의가 설파하는 인간형성을 위한 논리구조는 각자가 이것에 의하여 자기형성이 가능하며, 하나의 지남(指南)으로 삼을 수 있으니, 이 역시 보편성에 통하는 것이다.

6. 실천성(實踐性)

'발전과 통정(統整)의 율동적 자기 전개'라든가, '기초로부터 새로운 기초에까지[(자기심화(自己深化)]', '힘을 뺀다는 것은 힘을 들인다는 것이다(힘의 사용 - 극에서 극까지)' 등의 표현은 모두 기초주의의 교육방법론적 특성 내지 원리를 나타낸 말로, 강렬한 실천성을 전제로 삼는다. 우리는 흔히 교육이념으로서는 잘 되어 있으나, 실천 할 수 있는 교육방법론이 없으면 아무것도 아니라는 말을 듣게 된다. 기초주의는 인간형성의 논리를 제시한 것이니만큼 거기에는 처음부터 그것의 구현화, 실천의 방도가 예상되었음은 물론이다. 교육방법으로서 3차원[탐구·각성·실현] 6단계[목적·계획·수집·이회(理會)·발표·평가]를 상정한 것 역시 실천성의 일면을 의미한다. 이것이 곧 '기초주의법(基礎主義法)'이다.

여기서는 더 이상의 것을 설명할 지면도 없거니와, 기초주의에서는 '학교교육과 학교밖교육의 통합을 통한 평생공부'를 강조한다. 이에 관하여 좀 더 구체적인 설명을 한다면, 평생공부는 다음과 같은 여섯 가지 특징을 지닌다.

첫째, 교육을 생애형성 과정으로 본다. 이것은 확실히 교육관에 있어서의 새로운 변혁의 하나라고 하겠다.

둘째, 평생사업과 자기교육을 동일시한다. 종래의 교육관이 평생사업과는 별개로 진행되는 반면 평생공부에서는 교육을 어디까지나 평생사업과의 관계에서 생각한다는 데 그 특징이 있다. 말을 달리하면, 어떤 경우에도 교육은 자기가 평생동안 무엇을 하며 살아갈 것인가라는 평생사업과의 관계에 있어서만 의미가 있다는 것이다.

셋째, 순간을 역사적 맥락에서 파악하고 처리한다. '평생공부'라는 새로운 교육관을 지니고 사는 사람이라면 그 한순간 한순간을 결코 낭비하지 않는 삶을 영위할 것이다. 왜냐하면 순간이 지니는 영원한 의미를 자신의 일생동안의 생애와의 관계에서 바르게 생각하고 파악할 것이 틀림없기 때문이다.

넷째, 학생은 인간형성의 기본원리요, 자기형성의 학(學)인 교육학에 정통(精通)하도록 한다. 교육학을 모든 사람의 평생공부의 학문으로서 개방하여 실천하도록 한다.

다섯째, 평생계획을 일찍부터 수립하도록 권장한다. 여기서 말하는 평생계획은 그 모형을 「듀이의 생애분석표」를 통해 예시한 바 있거니와, 이것을 일반화할 때 10년 단위로 크게 10개로 나누고 위 칸에는 그가 구체적으로 살고 있는 연대를 기입하고, 왼쪽 칸에는 10년 단위로 자신의 생물학적 연령의 변화를 기입한다. 그리고 평생계획과 이를 달성한 사항을 색깔을 달리한 펜 등으로 기입한다. 때로는 평생계획에 있어 궤도를 수정한 사항이 평생계획표를 통하여 드러나기도 할 것이다. 이런 때에도 평생계획표는 여전히 의미가 있다.

끝으로 여섯째, 평생평가야말로 진정한 교육평가이다. '평생평가'라는 말은 나 자신이 만든 교육 술어이다. 흔히 사람은 관 뚜껑을 덮은 뒤에야 그의 진가를 말할 수 있다는 말이 있거니와, 이것은 결국 '평생평가'를 평이하게 나타낸 말이기도 한 것이다.

이상 나는 '기초주의란 무엇인가'를 말함에 있어, ① 포괄자로서의 '기초', ② 전통과 개혁의 조화를 통한 인간형성의 논리, ③ 기초와 역사적 상황성, ④ 기초로부터 새로운 기초에까지, ⑤ 인간형성을 위한 논리구조 지남적 기능의 철학, ⑥ 발전과 통정의 율동적 자기 전개라는 여섯 가지 구조적 특성을 들었다. 말을 달리하면, 기초주의의 특징이란 교육철학 평가의 기준 용어이기도 한 포괄성·통합성·역동성·실증성·보편성·실천성에 있다고 하겠다.

한편, '전통과 개혁의 조화'란, 자세히는 '전통·주체·개혁의 조화'로서, 각기의 특성은 다음과 같다.

(1) 전통(傳統)

인간형성에 있어서 빼놓을 수 없는 차원이 '전통'이다. 나는 이를 '시간(時間)의 이념'이라는 말로 표시하고 있다. 이렇게 '전통'이란 의

제7조 전통과 개혁의 조화를 통한 인간형성의 논리 69

식의 주체자가 간직할 만하고, 계승 전달할 만하다고 각성한 가치체이니만큼, 그 교육적 특성이 무엇인가를 새삼 생각하게 한다. 내가 파악한 '전통의 교육적 특성'은 다음의 일곱 가지이다.

① 사회성(=공유성): '전통문화'라는 말이 있듯이, 전통은 그것이 물질적이건 정신적이건 간에 사회성을 지니고 있다. 즉 그 나라, 그 민족 모두가 공유하는 성질을 지니고 있다. 이를테면 한국의 전통 음식인 김치 하나만 하더라도 우리나라 사람이면 누구나 김치를 먹고, 심지어 올림픽 경기 출전 선수들을 위하여 김치를 특별히 마련하고, 한국 음식으로서 정식 메뉴에까지 들어간다. 이렇듯 전통은 집단적·사회적·공유적인 특성을 지니고 있다. 전통 의상으로서의 한복(韓服)을 생각해 보아도 좋다. 양복이 일상생활에 널리 착용되는 현실이기는 하지만, 정월 초하루에는 한복으로 갈아입고, 세배 다니고 손님을 맞이한다. 이처럼 전통은 사회성과 공유성을 지닌다.

② 역사성(=계속성): 당연한 얘기지만, 전통은 그 기원에서 계속되어 온 역사성을 지닌다. 명문고의 전통을 그 예의 하나로 생각해 보아도 좋을 것이다. 학풍이니, 교풍이니 하여 전통이 지니는 역사성은 그것의 계승 발전으로 인해 영속적인 것이 될 수도 있다. 그리하여 빛나는 전통이라는 말도 쓰게 된다.

③ 가치성: 이미 위에서도 약간 시사된 것으로 전통은 본래 가치적이다. 전통은 의식의 주체자가 간직할 만하고 계승할 만하다고 여기고 있는 가치체인 것이다. 그 가치성에 눈뜨게 될 때, 전통은 소중하고 의의 있는 것이 된다.

④ 인식성: 거듭 말하거니와 전통은 물리적으로 인수인계되는 성질의 것이 아니다. 어디까지나 전통 자체가 지니는 가치성에서 오는 것이며, 또한 남이 그렇게 말한다고 해서 자신은 그렇게 느끼지도 않는데 덩달아 가치 있다고 해서는 참된 전통 인식을 가질

수 없는 것이다. 전통은 주체적 가치 인식에 의해서만 비로소 생명력을 갖는다. 때문에 전통의 특성으로서 인식성을 꼽는다.

⑤ 개성성: 한 마디로 '전통'이라 하지만, 구체적 사안에 이르러서는 개성적인 것임을 알게 된다. 이를테면 가정에서의 전통은 가풍(家風)이라는 개성으로 나타나며, 나라는 국민성으로 나타난다. 미국인의 개척자정신이라든가, 영국인의 신사도, 일본인의 무사도, 한국인의 선비정신(또는 멋) 등. 그 모두가 개성을 지니고 있다.

⑥ 권위성: 권위는 가치성과 진리성을 지니고 있기에 인간 처신에 구속성을 지닌다. 경거망동할 수 없게 한다. 이른바 권위를 느끼게 한다. 이로부터 새로운 아이디어 개발의 터전을 얻는 것이니, 생산성을 지닌 것임을 알 수 있다. 권위주의가 아닌 참된 권위는 실력을 바탕으로 하는 것이기에 교육적 의미가 크다. 교사의 권위가 교육력이 됨을 생각해 보라. 초보자가 함부로 까불 수 없는 것도 (고학년생이나 선배가 이미 터득하고 있는) 전통의 권위에서 오는 것이라 하겠다.

⑦ 개방성(=포용성): 사람들 중에는 "전통을 타파해야 한다."라는 말을 하는 경우가 있다. 이것은 전통을 '인습(因襲)'과 동의어로 혼동한 데서 오는 망발(妄發)인 줄로 안다. 인습은 전통의 정반대 개념이다. 즉 인습의 속성은 폐쇄적이며 배타적이다. 여기에 반하여 전통은 개방적이다. 왜냐하면 본래 전통은 진리에 터하였고, 가치성을 전제로 하는 것이기에 언제나 보다 가치로운 것을 요구하기 때문이다. 이에 반하여 '인습'은 전래적인 관행을 "왜?"라는 근본적인 물음 없이 그대로 답습하는 것이기에 자연 불합리한 요소가 많을 수밖에 없고, 그것을 묵묵히 그냥 지키는 것이다. 인습이 폐쇄적이요, 배타적일 수밖에 없는 이유이다. 전통은 그 성격상 이미 '개혁'을 전제로 하여 진리탐구의 자세를 취하는 것이기에 항상 새로워지게 되어 있다. 이것을 가리켜 나는 전통의 특성으로서 개방성·포용성을 말하는 것이다.

이렇듯 한 마디로 '전통'이라 하지만 위에서 고찰한 바와 같이 '전통'의 특성은 여러 가지가 있음을 알 수 있다고 하리라. 창조의 논리인 기초주의는 이러한 '전통', 거기에 '주체'와 '개혁'이 곱하여짐으로써 이루어지는 인간형성의 논리이기도 하다. 전통의 차원에서는 교육의 가치 영역으로서 '문화(文化)'와 '생활(生活)'을 상정하고 있다.

(2) 주체(主體)

주체의 차원에서는 교육의 가치영역으로서 '지성(知性)'과 '인격(人格)'을 상정하고 있다. 이를 주도하는 것은 '자유의 이념'이요, 개인적으로는 역사적 자아 각성의 차원이라 하겠다.

흔히 '주체성의 확립'이라는 말이 쓰이고 있거니와, '주체성'이란 무엇인가? 주체성이란 '인간의 존엄성에 대한 각성이요, 객체에 대한 주체의 본질적인 것을 말하는 것으로서, 특히 개인 또는 한 민족으로서의 자기의식 또는 자각'이라고 본다. 즉 자기의식이니 자각이니 하는 것이 매우 중요하다. 바람직한 가치관 문제와 관련해서 '주체'가 지니는 특성으로서 다음 여섯 가지를 지적할 수 있다.

① 독자성: 주체가 객체와 대립하는 개념인만큼 '나는 나다'라는 독자성이 있어야 한다. 개성이 뚜렷하여야만 된다. 민주교육에서는 무엇보다도 각자의 타고난 소질과 개성을 존중하는 교육을 하고 있는데 이것 역시 '독사성'을 신장시키려는 생각에서이다.
② 자각성: '주체의식'이란 자기 위치와 사명에 대한 자각을 전제로 한다. 이러한 점에서 청소년 시기에 자기 자신에 대한 고민은 매우 귀중한 것이라고 본다. 그 까닭은 자기 자신의 역사적 위치와 소질 및 역사적 사명이 무엇인가를 심각하게 생각하고 마침내 역사적 자아각성까지 이르게 되기 때문이다. 청소년 시절에 철저

하게 고민하지 않는 사람은 40대에 이르러 크게 흔들린다는 말
이 있다. 이것은 자각성의 부족에서 오는 불행한 결과이다.

③ 주장성: 주체는 자기주장이 뚜렷하다는 특성이 있다. 자기주장
을 하기 위해서는 무엇보다도 선인들의 업적에 대한 탐구와 전
통이 전제가 된다. 어떤 점이 선인들이 이룩해 놓은 업적과 판
이하게 다른가를 분명히 해야만 자기주장성이 강해질 수 있다.

④ 결단성: 주체성의 발휘란 결단성에 달려 있다. 아무리 좋은 생각
이라 해도 일단 자기주장의 정당성이 확보되었다면 이를 분명하
게 결정짓는 일이 중요하다. 우유부단한 태도로는 안 된다. 그러
나 거듭 말하거니와 자기 태도를 분명하게 결정하고 결단을 내
리는 데는 세심하리만큼의 사전 조사와 심사숙고가 요청된다.

⑤ 의식성: 주체의 특성 중 매우 중요한 것 하나가 각자가 지니는
'역사의식'이다. 처신에 있어 역사의식이 결여되어 있다면, 그는
다시는 회복하기 어려운 결정적인 오류를 범할 수도 있다. 따라
서 '주체'의 차원에서 특히 요청되는 특성이 곧 '역사적 의식성'
이라 하겠다.

⑥ 평가성: 이는 판단성이라 해도 좋은 특성이다. 주체의식이 뚜렷
하다는 것은 제대로 볼 줄 안다는 말이다. 제대로 볼 줄 알기 위
해서는 무엇보다도 실력이 있어야 한다. 볼 줄 아는 눈, 즉 안목
이 있어야 한다. 이를 가리켜 형안(炯眼)이라 한다. 먼 장래까지
바르게 판단하여 결정할 수 있는 평가성이 주체의 차원에서 요
청되는 것이다.

(3) 개혁(改革)

개혁의 차원에서는 교육의 가치영역으로서 '협동(協同)'과 '봉사(奉
仕)'를 상정하고 있다. 이를 주도하는 것은 '질서의 이념'이요, 개인적
으로는 역사적 자아실현의 차원이라 하겠다.

　바람직한 가치관의 문제와 관련해서 '개혁'이 지니는 특성으로 다음의 여섯 가지를 지적할 수 있다.

① 참신성: 개혁은 지금까지 없었던 새로운 차원을 보여주는 것을 뜻하기에, '참신성'이 그 특성의 하나를 이루게 된다. 신기축(新基軸)을 수립하였다는 말이 있듯이 전혀 새로운 면을 보여준다는 데 개혁의 특성이 있는 것이다.

② 독창성: 서예에 있어서 추사체(秋史體)가 오늘날까지도 높이 평가되고 있는 까닭은 무엇인가? 그것은 추사의 글씨체가 독창적이기 때문이다. 개혁의 특성 중 하나는 바로 이러한 독창성이다.

③ 이상성: 인류가 추구해 오는 과정에서 가장 이상적인 상태를 현실세계에서 구현해 보려고 노력한다는 점에 개혁의 특성이 있다.

④ 수월성: 최고가치 현현(顯現)이라는 점에서 개혁은 언제나 최고수준의 일류 지향적 특성이 있음을 알 수 있다.

⑤ 홍익성: 개혁은 그 근저에 인류의 번영이라는 홍익성을 전제로 해야 한다. 우리나라의 교육이념인 '홍익인간의 이념'도 「교육기본법」 제2조에서, 그것이 지향하는 바를 "인류 공영의 이상실현에 기여함을 목적으로 한다."라고 밝히고 있다. 개혁은 마땅히 '홍익성'을 지향해야 한다.

⑥ 평화성: 또한 개혁은 전쟁이 아니라 평화성을 궁극적인 목적으로 삼아야 한다. 역사상 수많은 전쟁이 전개되었다. 그동안에 무기는 개혁에 개혁을 거듭하여 오늘날 가공할만한 무기들이 지구상에 존재하고 있다. 이것은 평화성에 역행하는 개혁인 것이다. 인류 모두가 개혁의 초점을 영원한 인류평화 수립에 두어야 한다. 이는 인류의 새로운 가치관이기도 한 것이다.

　이상 나는 「기초주의」가 '전통과 개혁의 조화를 통한 인간형성의 논리'임을 설명해 보았다.

제8조

모든 사람의 인생을 예술적 경지에까지
승화시키는 인간형성의 기본원리

　이 말은 내가 표로 만든 "기초주의의 교육구조적 이해"의 부제로 쓴 표현이다. 「기초주의」를 이해하기 쉽게 요점을 적어 놓은 이 표에 담겨 있는 사항을 제대로 실현할 때, '모든 사람의 인생을 예술적 경지에까지 승화'시킬 수 있다고 '인간형성의 기본원리'를 제시하였던 것이다. 이 경우에 '기초'가 중요함은 물론이다.

　나의 「학회기(學誨記)」(2008.9.3)에 스크랩해 둔 신문기사 「아이교육과 '인생 시(時)테크'」(강경희, 「조선일보」 2008.9.3.)는 "'세계화' 뚫고 갈 아이 키우려면 기초를 튼튼히 하는 '장기 투자'"를 강조한 글인데, 나는 소감으로서 "서투른 교육학자의 글보다 몇 배 나은 글이다. 감탄! '인생 시(時)테크' 참으로 좋은 말을 하고 있구나. 나의 「기초주의」에 공감(共感), 공명(共鳴)해 줄 사람이 여기 있구나 하는 생각이 들었다. 이 사람은 전에 (파리 특파원으로서 쓴) 글에서도 '기초'가 중요하다고 강조했던 것으로 기억하고 있다."고 적어 놓은 바 있다.

　이제 원문(原文)을 소개하면 다음과 같다.

아이교육과 '인생 시(時)테크': 강경희(경제부 차장대우)

　4년 8개월의 파리 특파원 근무를 마치고 한국으로 돌아왔다. 귀국한다니 한국의 지인들, 파리에 있는 한국인들이 한결같이 아이 걱정을 했다. "아이를 파리에 남겨두고 갈 거냐", "한국 가면 외국

인 학교에 보내지 않을 거냐”는 질문을 숱하게 받으며 어안이 벙
벙해졌다.

“고작 열 살인 아이를 외국에 남겨두라고?”, “왜 굳이 외국인학
교를?”하고 반문했지만, 반복되는 질문에 슬그머니 걱정도 됐다.
“그럴 만큼 한국 사회가 아이들에게 지옥이란 말인가?”

근 5년 만에 찾아온 서울은 고층 아파트가 더 많이 들어서고 버
스 색깔도 달라져 낯설게 느껴졌다. 그보다 더 서먹한 건 대낮에
도, 주말에도 분주하게 아파트 단지를 누비는 노란 봉고차들의 행
렬이었다. 아이들을 태운 학원 차량이었다. 그새 사교육 열기는 더
심해진 것 같았다.

출연 스케줄이 빡빡한 연예인처럼, 학교가 끝난 후 짜여진 학원
시간표대로 봉고차에 몸을 싣고, 또는 엄마가 운전하는 승용차에
실려 이리저리 옮겨 다니는 아이들을 보며, ‘도대체 무얼 위해 아
이들의 시간과 부모의 돈을 저리도 퍼붓는가’라는 회의가 들었다.
[밑줄 필자, 이하 동일]

사실 한국에 있다가 부모의 근무지를 따라 해외로 나온 한국 어
린이나 청소년들 사이에서는 종종 ‘인생역전’이 일어난다. 중학생
두 아들을 키우는 한 외교관은 “한국에서는 부모가 시키는 대로
학원도 잘 다니고 공부도 잘해 모범생 소리를 듣던 큰아들은 새로
운 생활에 적응하는 데 무척 애를 먹고, 외국 친구들한테 ‘너는 도
대체 인생을 왜 사느냐’고 핀잔을 당했다”는 일화를 들려주었다.
형보다 공부를 못 해 한국에서는 걱정거리였던 둘째 아들은 축구
도, 노래도 곧잘 해 친구도 금방 사귀고, 외국어 말문도 더 빨리
트여 순조롭게 정착하더라는 것이다.

그러니까 아이들의 인생 시(時)테크에서도 부모들의 생각과 태도
가 달라져야 한다. 한국이라는 우물 안에서 그저 옆집 아이 이기는
경쟁에 만족한다면 대입에 모든 승부를 거는 ‘단기투자’가 맞을 수
있다. 하지만 20년 뒤, 30년 뒤 어떻게 변화할지도 모를 한국에서,
그리고 세계화 시대의 가늠할 수 없는 미래를 걱정한다면, 조급한
대신 기초를 튼튼히 하는 ‘장기 투자’가 적절할 듯하다.

한국이 중진국으로 도약하기까지는 그동안의 성공법이 통했을지
몰라도 선진국 클럽의 문턱에서는 더 이상 먹혀들지 않기 때문이

다. 한국은 OECD(경제협력개발기구) 국가 중에 시간당 노동생산성(2006년 기준, 20.4달러)이 바닥에 가깝다. 조사대상 29개국 중에 26위, 프랑스(49.9달러)나 미국(50.4달러) 같은 선진국에 비하면 40%에 불과하다. 대신 1인당 노동시간이 제일 길다.

선진국으로 진입하려면 더 오래 일하는 대신 같은 시간에 더 많은 부가가치를 생산하는 창의적인 일을 하거나, 적은 시간을 들이고도 생산성을 높여야 한다. 시간을 효율적으로 정복한 나라들의 시(時)테크를 배워야 할 때다.

그런데도 초등학생들까지 밤 11시, 12시에 잠재우고, 학원으로 밀어 넣는다. 프랑스나 독일 부모들은 아이들을 밤 8시, 9시 이전에 재운다. 아이들은 학교가 끝난 뒤 축구하고, 테니스 치고, 땀 흘리며 오후를 보낸다. 방학 때는 부모와 신나게 놀고 공부는 감당할 수 있는 정도로 한다. 그 나이에 놓치면 안 될 인생의 우선순위를 잘 알기 때문이다. '반짝이는 호기심'과 '건강한 체력'은 유년기와 청소년기에 가꾸어야 할 인생의 가장 중요한 자산이다.

어린 나이부터 학원 차에 실려 밤늦게까지 짜여진 인생을 살아가는 아이들에게 창의력 운운하며, 인생의 주인이 되길 기대하는 건 난센스다. 부모들의 막연한 불안감과 조급증을 다스리지 않는 한, 아이들 세대에서 행복하고 밝은 미래를 기대하기 힘들겠다는 걱정이 4년 8개월 만에 돌아온 한국에서 든 첫 소감이다.

[밑줄 친 부분은 내가 특별히 공감하는 내용이다. 물론 이 글 전체에 공감하고 있지만….]

모든 사람을 예술적 경지에까지 승화시키는 인간형성의 기본원리인 「기초주의」에서는 「표」 "기초주의에 있어서의 인간 발달과업관 - 사람다워지는 길-"을 통해서 긴 시간과의 관계에서 자기형성이 중요함을 강조한 바 있다.

이 「표」에서는 인생을 10년 단위로 나누고 0세에서 100세(100세 이후)까지 구획하였다. 이를 풀어서 적어보면 다음과 같다. 준비기는 '탐구·각성'이 주가 되고, 활동기와 정리기는 '실현'이 주가 된다.

1 준비기(0-30세)

1. 아동기(0-10세): ① 충분한 놀이 경험, ② 품위 있는 생활습관 (부모의 사랑을 듬뿍 받는 일), ③ 성공적인 학교생활(문화환경에의 적응)

2. 청소년기(11-20세): ① 위대한 꿈을 지닐 것: 평생계획 수립[입지(立志)] - 자기를 알아주는[지기(知己)] 친구 만나기, ② 건강한 신체 연마(적어도 하나의 스포츠에 도통할 것), ③ 문학·예술 교양의 습숙(習熟)

3. 성인기(21-30세): ① 창의적 착상 및 계획 착수, ② 실력 연마와 자격증 획득, ③ 현명한 직업 선택(생활기반 구축, 결혼문제 포함)

2 활동기(31-60세)

4. 장년기(31-45세): ① 왕성한 창의성 발휘, ② 자녀교육에의 주력, ③ 유능한 사회인, 직업인으로서의 적공(積功)

5. 중년기(45-60세): ① 현역으로서의 실적 보이기, ② 사회적 기반의 공고화(鞏固化), ③ 중견 지도자로서의 후진 격려

3 정리기(61세 이후)

6. 노년기(61세부터 10년 단위… 100세 이후): ① 원숙성을 발휘하는 일: 노익장일 것, 곱게 늙는 일: 노추(老醜)를 보이지 않도록, ② 원로로서의 품격과 실력 구비, ③ 젊은 세대에의 모범, 즉 사표(師表)가 되기.

이와 관련해서 나는 전에 중3 학생들을 대상으로 강연한 적이 있었다. "인간·시간·교육 - 중3 졸업반 학생들에게 기대하는 말"에서 여섯 가지 항목 중의 하나로 "인생설계도를 만드시오."를 들려주었다. 그 일부를 옮겨 보면 다음과 같다.3)

---

3) [편집자주] 참고로 전체 여섯 항목은 다음과 같다. 첫째, 자(子)의 자각에서부터, 둘째, 인생설계도를 만드시오, 셋째, 위인전을 읽으시오 넷째, 일이관지(一以貫之)토록, 다섯째, 공부하는 요령, 여섯째, 교육학을 권한다.

둘째는 "인생설계도를 만드시오."라는 것입니다. 인생이란 무엇이며, 인생을 어떻게 보내는가는 사람에 따라서 같지 않습니다. 그렇더라도 사람은 어느 시기가 되면 한번은 이 문제에 대해서 진지하게 생각하기 마련입니다. 그 때가 대체로 여러분들 나이가 아닌가합니다. 물론 어떤 사람은 좀 더 빠르게, 또 어떤 사람은 늦게라는차이는 있습니다. 그러나 인생에 대하여 크게 고민하는 때가 적어도 한 번은 있기 마련입니다.

공자의 말에 '십오지학(十五志學)'이라고 있는데, 이는 그가 학문에뜻을 두었다는 말인 동시에 입지(立志)요, 자기 인생의 방향을 설정한 때가 곧 15세 때였다는 말이기도 합니다.

청년기에는 누구나 한번은 고민한다고 합니다. 그도 그럴 것이자기의 긴 인생을 어떻게 보내야 할 것인가, 기본설계를 해야 하고 방향을 정해야 하니 자연 고민할 수밖에 없을 것입니다. 그러므로 청년기에 고민한다는 것은 대단히 중요한 일인 것입니다.만약 이 시기에 철저하게 고민하지 않은 채 덤벙덤벙 지나쳐 버린다면 이것이야말로 큰일입니다. 왜냐하면 그러한 사람은 언젠가는 크게 고민해야 할 때가 반드시 오고 말기 때문입니다. 그것이 대체로 40세쯤 되어서라고 하니 이때는 이미 인생의 여정이많이 경과한 후입니다. 고민하는 시기로서는 좀 늦은 것입니다.이때 비로소 인생이 무엇이냐고 하면 어떻게 되겠습니까?

청년기는 꿈도 많은 시기입니다. 이 꿈이야말로 소중한 것입니다. 되도록 큰 꿈을 꾸실 것을 권하고 싶습니다. 세상에는 백일몽(白日夢)이라는 말도 있습니다. 이것은 되지도 않는 공상을 하는것을 말합니다. 그러나 여기서 말하는 것은 그러한 뜻의 공상과는 본질적으로 다릅니다. 왜냐하면 백일몽은 본래 실력 없는 사람에게 있어서 어떤 일이 좌절되었을 때에 생기는 정신병리학적현상이기 때문입니다. 그러기에 일이 잘 안된 사람이 공연히 큰소리치고 다니는 것이 곧 백일몽입니다. 이에 반하여 청년기에큰 꿈을 지니라고 하는 것은, 그 큰 꿈의 실현을 위해 일생을 걸고 노력하자는 것이므로 백일몽과는 근본적으로 다릅니다.

흔히 "인생은 짧고 예술은 길다."라고 말합니다.4) 이 말의 뜻을우리는 알 만합니다. 다만 그 이전에 하나 생각할 일이 있습니다.

그것은 과연 인생이 진정으로 짧으냐는 것입니다. 어떻게 보면, '인생은 짧고도 긴 것'이라고 하겠습니다. 짧다고 하는 것은 백 년, 천 년을 단위로 생각할 때, 대부분의 사람은 백 년도 다 채우지 못하는 것이 현실입니다. 인류의 평균 수명을 고려하여, 예전부터 우리나라에서는 나이 60살이 되면 회갑이라 하여 축하연을 베풀었습니다. 물론 이 경우 회갑을 맞이하게 된 당사자나 하객들도 60 청춘이라고 하여, 적어도 120세까지는 살아야 할 것이 아니냐고 말하기도 합니다. 으레 본인도 그렇게 될 것 같지 않음을 번연히 알면서도, 120세까지는 문제없을 것 같은 표정을 지어보기도 합니다. 하지만 설사 120세까지 천만다행히 장수를 누린다고 하여도, 자연의 장구함에 비교한다면 상대적으로 그다지 긴 인생이 되지 못함은 사실입니다.

그러면서도 다시 한편 되돌려 생각해 보면, 과연 인생이 그렇게도 짧을까 하는 생각이 드는 것은, 위대한 인물들, 즉 사상가나 종교가, 예술가, 발명가, 교육가 등을 볼 때입니다. 이들이 30세 전후에 이미 불후의 업적을 남기고 이 세상을 떠나고 있는 것을 볼 수 있습니다. 예수님의 경우가 그 좋은 예의 하나라고 하겠습니다.

그러기에 우리는 위대한 인물을 말할 때 4성(四聖) 또는 5성(五聖)을 거명합니다. 4성이란 공자, 불타, 소크라테스, 예수요, 여기에 마호메트를 합쳐서 5성이라고 일컫습니다. 말하자면 이분들의 생애가 결코 백 세를 채우지 못하였건만, 영생을 얻은 분들이라는 것을 다시 한번 생각해 보아야 합니다.

이제 우리는 이 짧고도 긴 인생을 어떻게 지내는 것이 좋을까 한번 다들 생각해 보아야 하겠습니다. 나는 이러한 인생에 대하여 계획을 세워보는 일을 가리켜 각자 '인생설계도'를 만들어 본다는 말로 표현하고 있습니다.

우리가 집을 하나 짓는 데도 설계도가 있어야 집을 짓게 됩니다. 생각보다 상당히 세밀하고 정밀하게 이루어지는 것이 바로 건축설계도임을 우리는 알고 있습니다. 하물며 집 하나 짓는 일보다 몇

---

4) [편집자주] 비슷한 말로 프랑스에는 "Tout doit sur terre mourir un jour. Mais la musique vivra tourjours."라는 표현이 있다. "지구상의 모든 것은 언젠가 사라지더라도, 음악은 영원할 것이다."라는 뜻으로, 예술적 삶의 무한성을 말한다고 하겠다.

배, 몇십 배 소중한 자기 인생을 설계하는 일이 소홀해서 괜찮을
까닭이 없습니다. 그렇건만 여태까지는 이 점이 비교적 소홀했던
것입니다. 본인도 깊이 생각해 보지 않음은 물론, 학교에서조차 별
로 이러한 문제를 본격적으로 권하거나 다루고 있는 것 같지도 않
습니다. 그러나 이제 여러분 나이인, 이 청년기에 접어든 사람은
누구나 한번 진지하게 본격적으로, 며칠을 두고서라도 골똘히 생각
해 보고 설계해 보시라고 권하고 싶습니다.

나 역시 이를 젊었을 때 생각해 보았고, 그 이후 나의 인생설계도
에 따라 오늘날까지 실천해 오고 있습니다. 말하자면 그때 작성한 한
장의 인생설계도가 나의 인생의 나침반 역할을 해 오고 있습니다.

이제 그 일반화한 것을 소개하면 다음과 같습니다. 이름 붙이기
를 「기초주의에 있어서의 인간발달과업관 - 사람다워지는 길」이라고
해 보았습니다. 그리고 인생을 일차 100세 정도로 잡고, 10년마다
구분을 지어 보았습니다. 나는 인생을 모두 여섯 가지 시기로 나누
어 보았습니다. 이제 각 시기와 주요 인간발달과업 세 가지씩을 적
어 보기로 합니다. (중략)

또한 이 여섯 가지 시기를 크게 세 가지로 구분 지어 본다면 아
동기와 청소년기, 그리고 성인기까지를 묶어서 「준비기 차원」(0-30
세), 장년기와 중년기는 「활동기 차원」(31-60세), 이른바 61세 이후
100세 전후까지 이르는 비교적 길 수도 있는 노년기는 「정리기」
(61세 이후)라고 하겠습니다.

이렇듯 인생은 짧고도 긴 것입니다. 지금까지의 교육은 그 관심
사를 주로 청소년에게 한정해서 생각해 온 감이 짙습니다. 가정교
육과 학교교육의 시기에 한정했다는 얘기입니다. 그러나 인생은 그
후 삶을 마칠 때까지 그보다 적어도 세 배 이상 남아 있습니다.

사회교육에 관심을 갖고, 마침내 평생교육을 말하게 된 것이 이
러한 종래의 교육관에 대한 반성에서부터 나온 것입니다. 따라서
우리는 어려서부터 자기 일생에 관한 인생설계도를 꾸미도록 권장
해야 한다고 봅니다. 이것이 제대로 될 때, 40대 중반에 이르러 인
생이 허무하게 여겨지고 방황하는 불상사가 없을 것입니다. 그러한
의미에서 다시 한번 위에 제시한 「기초주의에 있어서의 인간발달
과업관」을 음미해 주기 바랍니다.

이상은 '입지'에 관해서 말한 것이다.

결국, 나는 이 제8장에서 '인생설계도'의 중요성을 들고, 「기초주의의 교육구조적 이해」라는 표로써, '모든 사람의 인생을 예술적 경지에까지 승화시키는 인간형성의 기본원리'를 제시하였다.

<표 4> 「기초주의」에 있어서 인간발달과업과 전통·주체·개혁의 비중 변화

		I. 아동기 (0-10)	II. 청소년기 (11-20)	III. 성인기 (21-30)	IV. 장년기 (31-45)	V. 중년기 (46-60)	VI. 노년기 (61세 이후 10년 단위로)
정리기 (61세 이후)	VI. 노년기						**VI.** **개혁 >>>** 주체 > 전통의 비중
	81-90						
	71-80						
	61-70						
활동기 (31-60)	V. 중년기 (46-60)	**개혁 >>** 주체 > 전통의 비중				V.	
	IV. 장년기 (31-45)	**개혁 >>** 주체 ≧ 전통의 비중			IV.		
준비기 (0-30세)	III. 성인기 (21-30)			III.	**주체 >>** 전통 > 개혁의 비중		
	II. 청소년기 (11-20)		II.	**주체 >** 전통 > 개혁의 비중			
	I. 아동기 (0-10)	I.	**전통 >>** 주체 > 개혁의 비중				
		30세까지는 '탐구·각성'을 중시			30세 이후는 '실현' 중시		

* 이 표는 역사적 자아의 '탐구(=전통)', '각성(=주체)', '실현(=개혁)'의 비중 변화와 연령별 인간발달과업을 보여주고 있다. '>' 모나 '>>' '>>>'가 비중이 더 크다는 의미임.

제9조

힘을 뺀다는 것은
힘을 들인다는 것이다

　이 말은 언뜻 듣기에 '역설(逆說)' 같지만, 나의 현역 수영선수 생활 만 10년(1938-1948)만에 터득한 나의 신조(信條)이기도 하다. 이 '수영' 생활에서 깨달은 바가 「기초주의」의 원체험(原體驗)을 이루는 두 기둥 중 하나가 되었다. 또 하나의 기둥은 「로댕의 유언」이다. 이런 얘기를 글로 발표한 것이 "나의 원체험과 「기초주의」"(『민주교육』제16호, 천원 오천석기념회, 2006)이다. 여기서는 '수영'에서 터득한 깨달음, 즉 "힘을 뺀다는 것은 힘을 들인다는 것이다."라는 대목만 밝히기로 하겠다.

　13세 때 경성사범학교에 입학한 당시, 나는 빈혈증을 앓고 있는 허약한 몸이었다. 그런데 이 학교의 불문율(不文律)로 운동부와 학예부에 각각 하나씩 가입해야만 했다. 학예부는 '미술부'로 하였는데, 운동부는 그 선정에 고심하였다. 일차적으로 탐색삼아 각 운동부를 돌아다니며 옆에서 보게 되었는데, 유도부나 럭비부, 등등 어느 부를 보아도 다 격렬하고 내 체력으로는 감당하기 어렵게만 여겨졌다. 그때는 지금처럼 3월에 학년이 시작하지 않고 4월에 시작했는데, 수영장 풀에 물을 채워놓고 수영하는 것이 보기 좋아 보였다. 상급생들이 시원스럽게 수영하고 있는 것을 보니, 여름에 피서갈 것 없이 수영할 수 있으니 좋고, 또 수영하는 모습은 별로 힘들어 보이지 않아 나는 즉각 '수영부'에 들어가기로 하였다.

그런데 이것은 큰 오산이었다. 수영만큼 전신운동이 달리 없었다. 수영에서는 사보타주(Sabotage)도 허용되지 않는다. 잠시도 쉬지 않고 손과 발을 움직여야 물에 떠서 헤엄칠 수 있었다. 수영부에 들어간 지 며칠 안 되어 나와 똑같은 오산으로 수영부에 들어온 동기생 모두가 수영부를 그만두기로 하여 상급생에게 탈퇴하고 싶다고 했더니, 우리 동기생 전원을 탈의실 아랫방으로 끌고 갔다. 상급생이 앞에 나란히 서서 "너희들 들어오는 것은 마음대로 했겠으나 나가는 것은 마음대로 안 되는데 어떻게 할 생각인가?" 하며 쳐다보니 무서운 상급생 눈초리에 압도되어 모두 그냥 하겠다고 해서 풀려나온 적이 있었다.

그로부터 가혹한 수영부 생활이 본격적으로 시작되었다. 그때는 초보였기 때문에 25미터 수영장인데도 죽을 둥 살 둥 허우적거리며 겨우겨우 헤엄쳤다. 그런 상태인데도 상급생들은 우리를 보고 "팔, 다리, 손끝, 발끝 모두 힘을 빼!"라고 고함을 질렀다. 그러나 전신에 힘을 주고도 물에 뜰까 말까 하던 당시로서는 이런 주문은 도저히 따라 할 수 없는 어려운 것이었다.

그래도 상급생의 불호령이니, 나는 이 말을 잠시도 잊은 적이 없었다. 그렇게 해서 1,500미터, 800미터, 400미터, 200미터, 100미터, 25미터 전속력으로 20번 등 맹훈련을 하는 매일이었다. 방과 후 연습이 시작되어 해가 지고 하늘에 별이 총총히 날 무렵에야 연습이 끝났다. 그런데 이렇게 체력의 소모가 크다 보니, 어느덧 힘을 들이는 곳을 알게 되었다. 그 힘들이는 곳이 다름 아닌 배꼽 정반대 쪽 자리의 척추라는 생각이 들었다. 여기에 힘을 들이니 팔과 다리, 손끝 발끝까지 힘이 파급(波及)됨을 알게 되었다. 달리 말하면 팔·다리·손끝·발끝에 힘을 빼도 되는 것이었다. 나는 맹연습의 결과 스스로 "힘을 뺀다는 것은 힘을 들인다는 것이다."라는 상급생이 말한 '힘을 빼라'는 의미를 분명히 터득할 수 있었던 것이다.

그러고 보니 이 "힘을 뺀다는 것은 힘을 들인다는 것이다."라는 진리는 운동은 말할 것도 없고, 모든 분야에 들어맞는 말임을 알게 되었

다. 이른바 '명인(名人)'이나 '달인(達人)'이라는 사람들의 행동을 보아
도 실제로 하는 일 자체는 외부 사람으로서는 힘을 전혀 안 들이는
것처럼 보인다. 그도 그럴 것이 그들 명인, 달인들은 다년간의 혹독한
수련의 결과로 힘들이는 곳을 알게 되었기에, 다른 곳은 힘을 빼고 있
으니, 남 보기에는 전혀 힘들이지 않는 것처럼 보이기 때문이다. 운동
선수들도, "어깨의 힘을 빼라."라는 말을 야구타자나 권투선수에게 말
하는 것 역시, 어깨에 힘이 들어가면 결과적으로 타격에 무리가 간다
는 것을 알고 하는 말이다.

　명저(名著), 명문(名文)이라고 일컬어지는 책과 글 역시 저자로서는
다년간의 수련, 연구 끝의 결정체(結晶體)이겠으나, 읽는 사람들에게는
조금도 힘을 안 들이고 쓴 것처럼 보이니, 이것 역시 "힘을 뺀다는 것
은 힘을 들이는 것이다."라는 표현의 산 증거가 아닐까 여겨진다.

　나는 현역 수영선수 생활 만 10년을 통해서 귀한 깨달음을 얻게 된
것을 고맙고 귀하게 여기고 있다. 그것은 나의 교육이론이요, 교육철
학인 「기초주의」에 원체험으로서 살아 있다.

제10조
정력(精力)의 최선 활용

이 말은 제9장에서 한 얘기와 일맥상통하는 말이다. 이 말을 처음으로 접한 것은 내가 경성사범학교에 입학하여 유도 시간 첫날 유도장에 걸려있던 「精力最善活用(정력최선활용)」이라는 편액 글자를 보았을 때이다. 이는 일본 유도의 창시자인 가노 지고로(加納治五郎)의 가르침으로, 유도(柔道)는 남의 힘을 이용해서 상대를 쓰러트리는 기술이라는 것이니, '정력의 최선 활용'을 모토로 삼고 있음이 분명하다.

그러고 보니, 우리 일상생활에서도 얼마나 많은 정력을 낭비하고 있는지 모르겠다. 쓸데없는 허튼소리를 온종일 하고 다니는 사람 역시 분명, 정력을 낭비하는 사람이니 '정력의 최선 활용'과는 한참 거리가 먼일인 것이다.

2008년 한국 10대 뉴스 중 네 번째로 뽑힌 "'망치 국회'에 국민들 실망… 전 세계의 조롱거리로"라고 보도된 '망치 국회'는 '정력 낭비'의 악례(惡例)라 하겠다. 해설에는 "12월 18일 국회 외교통일위의 한미자유무역협정(FTA) 비준 동의안 상정 과정에서 해머와 전기톱까지 등장하는 최악의 폭력 사태가 벌어졌다. 한나라당은 의자와 책상으로 바리케이드를 치고 회의장을 봉쇄했고, 민주당은 해머와 정으로 회의장 문을 뜯어냈다. 이 과정에서 수십 명의 여야 당직자와 국회 경위들이 몸싸움을 벌이다 다쳤고 2,000여만 원의 재산 피해도 발생했다. 많은 나라 TV가 폭력 장면을 생생하게 방영, 한국 국회는 세계의 웃음

거리가 됐다. '놀고먹는 국회'는 이제 국민들로부터 '난장판 싸움판 국회'라는 조롱까지 받고 있다."라고 나와 있다(「조선일보」 2008.12.25.).

우리나라 사람들이 '정력 낭비'의 최대 악은 올해(2008년) 10대 뉴스 중 두 번째로 뽑힌 "미국산 쇠고기 광우병… 시위 사태"이다. 해설에서 "정부는 4월 18일, 미국과 쇠고기 수입 협상을 타결지었다. 열흘후 MBC「PD수첩」이 광우병 위험을 과장한 프로그램을 내보냈고, 좌파 성향 인터넷 매체와 시민단체 등이 비과학적 괴담을 부풀리며 가세해 미국 쇠고기 수입 반대 광풍(狂風)을 불러일으켰다. 5월 2일부터 촛불집회가 열려 98만여 명(경찰 집계)이 참여하고, 106일간 계속되었다. 초기에는 국민 건강을 우려한 비폭력 시위였으나 곧 광화문 일대를 무법천지로 만드는 반(反)정부·반(反)이명박 불법·폭력 시위로 변질했다. 6월 말 추가 협상을 통해 30개월 이상 쇠고기 수입이 금지된 후 촛불은 사그라졌다."라고 나와 있다(「조선일보」 2008.12.25.).

그러나 언론의 이러한 표현에도 불구하고 정력을 낭비하게 한 원인은 권력을 가진 자들의 정치력 빈곤과 소통 부재에 그 원인이 있었다고 하겠다. 우리의 현대사를 돌아보면, 국민들이 시위하는 것은 정치적으로 심각한 문제가 있었을 때이며 이를 바로잡기 위해 자신이 집중해야 할 일들을 뒤로 한 채 정력 낭비를 하면서까지 시위에 나서게 되었던 것을 볼 수 있다. 1960년의 3·15부정선거로 인해 발생한 4·19학생의거가 그렇고, 1970년대의 유신 독재와 각종 긴급조치 속에서 꾸준히 지속된 대학생들과 정치인들의 유신 철폐를 위한 운동, 그리고 1987년 6·29선언으로 대표되는 개헌 선언을 얻어내기 위해 대학생들뿐만 아니라 직장인 넥타이 부대가 등장하였던 것을 볼 수 있다. 역사 속에서 국민들의 판단은 정치 권력보다 옳았음을 보여주고 있는데, 특히 지난 몇 년간 시위 과정에서 시민들은 성숙한 시위 양태를 보여주었고, 경찰도 최루탄을 사용하지 않기로 결정한 것은 극단적 대립 없이도 문제를 해결할 수 있음을 방증하는 것이라 할 수 있다. 그런데 이번 2008년의 시위 과정을 보면, 성숙해진 국민들의 정서와 동떨어진 정치 행태로 인해 결국 초대형 컨테이너를 2층으로 쌓아 올린 '명박산성'이라는 새로운 소통단절의 장벽이 등장하게 되었다. 게다가 올해(2008)의 촛불집회는 시위 문화의 새로운 변화 양상을 보인다. 시민들은 경찰과의 무력 충돌보다는 일종의 자유발언과 경청, 그리고 문화공연의 시민축제를 벌이며 시청 앞 광장과 종로, 광화문 일대를 거대한 문화공연장으로 만들어 정치권을 압박하였다. 결국 국무총리가 광우병 발생 시 즉각 수입을 중단할 수 있다는 우리의 검역 주권을 확인하는 담화문 발표와 대통령이 국민 앞에 고개를 숙이면서 2008년의 광우병 파동은 일단락을 짓게 되었다. 그러나 FTA 협상과 광우병 파동에서 보여준 정치력의 후진성은 한국인들 개개인이 자신의 활동 영역에 쏟아야 했을 엄청난 정력을 낭비, 탕진시키는 서글픈 정경을 보여준 것이라 하겠다.

나는 「기초주의」의 3이념 중 하나로 '개혁의 차원'을 가리켜 '질서의 이념'이라 하였고, '법 준수'는 '질서의 이념'의 소극적 표현이라고 규정하였는데, 오늘날 우리 한국은 이 '소극적 질서'를 넘어 적극적 질서를 추구하는 시민들의 시위 문화를 통해서 겨우 정치적 오류를 바로잡을 수 있다. 이런 점에서 훌륭한 지도자를 뽑는 일은 우리 국민의 귀한 정력을 최선 활용할 수 있는가, 소모 탕진하게 하는가의 중요한 열쇠가 된다고 하겠다.

국가나 개인이나 크게 발전하기 위해서는 언제나 '정력의 최선 활용'이라는 지혜가 요청된다. 선진국은 이 '정력의 최선 활용'을 잘하고 있다. 그러기에 개인에 있어서도 이를테면 수많은 '노벨상 수상자'가 나오는 것이다. 그들 수상자는 '정력의 최선 활용'을 함으로써, 마침내 노벨상 수상의 위대한 업적을 창출했다. 8·15 이후 상승곡선을 그리고 있는 대한민국이 앞으로도 정력의 최선 활용을 잘할 수 있도록 정치적으로나 경제적으로, 그리고 사회문화적으로 모든 역량이 결집될 수 있어야 할 것이다.

제11조
대애지순(大愛至醇)

　이 '대애지순'이라는 말 역시 내가 경성사범학교에 입학하고서 알게
된 문구(文句)이다. 알고 보니, 이 말이 참된 교사 정신을 나타낸 말이
기에, 나는 오늘날 기초주의의 교육자상으로서 '대애지순인(大愛至醇
人)'이라는 말을 쓰고 있다. 교육
자는 모름지기 작은 사랑, 편애가
아닌 큰 사랑과 이를 데 없이 맑
고 맑은 마음씨를 가진 사람이어
야 한다는 생각에서이다.

　이제 내가 주장하는 바인 '대애
지순인'에 대하여 그 내용을 다시
써보기로 한다(출전: 『상황과 기초』
544-556쪽). '1핵 3특성 6수상(殊
像)'이 그 골자인데, '1핵'에 해당하
는 것이 곧 '대애지순인'이요, 내가
생각하는 이상적 교육자상이다.

대애지순[5]

---

5) [편집자주] 사진은 순화회(醇和會)에서 편찬한 『(京城師範學校史) 大愛至醇』(東京, 1987)의 속표지
를 찍은 것으로, 1922년(大正22)에 제정된 경성사범학교의 정신과 교기(校旗)가 담겨져 있다.

1. 통찰성(洞察性)

'3특성' 중 첫째는 '투철한 역사적 안목'이라는 특성이다. 이것을 가리켜 우리는 '통찰성'이라는 말로 줄여서 말할 수 있다. 돌이켜 보건대, 역사상 우리나라가 크게 발전했을 때에는 예외 없이 당시의 군왕을 비롯한 지도자들이 예리한 역사적 안목을 지녀 미래를 투시할 수 있었다는 '통찰성'을 들지 않을 수 없다. 그들이야말로 넓은 의미의 교육자인 것이다.

역사적 투시력을 뜻하는 '밝은 눈'을 지닌 교육자라고 할 때, 율곡(栗谷) 이이(李珥: 1536-1584)를 빼놓을 수 없을 것이다. 올해(1984년)는 마침 율곡의 400주기가 되는 해이기도 하여 교육자로서의 율곡을 추앙하는 마음이 한결 더 새롭기만 하다. 물론 우리가 다루려는 것은 어느 한 위대한 교육자의 사적(事蹟)이 아니다. 다만, 우리나라 교육자가 그 옛날 발휘하였던 교육자적 여러 특성에는 이렇듯 '투철한 역사적 안목'이라는 점에서 뛰어난 '통찰성'을 찾아볼 수 있다는 얘기이다.

인류 역사가 우리에게 시사하는 교훈의 하나는 '아킬레스와 거북이'로 설명되는 '제논의 논리'가 성립되지 않는다는 사실이다. 역사는 한때 후진국이었던 나라가 다가오는 시대를 앞질러 내다보고, 새로운 길을 찾아 피나는 노력을 할 때, 반드시 백 년이 채 안 되어 선진국이 되는 것을 보여주고 있다.

그리스문화를 섭취하여 팍스 로마나(Pax Romana) 시대를 이룩한 로마제국의 탄생이라든가, 프랑스문화를 받아들여 마침내 세계에서 가장 일찍 시민혁명을 성공시키고 민주정치의 모범이 된 대영제국, 또 역시 프랑스문화에 의하여 크게 자극을 받고 한때 나폴레옹 군대의 지배를 받을 수밖에 없었던 굴욕을 딛고 일어선 프로이센, 그것은 마침내 1871년 독일제국의 탄생과 통일을 가능케 하였던 것이다. 또 일찍이 영국문화에 의하여 기초가 닦이고, 19세기 후반에 이르러 독일문화에 의해서 키워진 미국이 마침내 20세기 중반에 이르러서는 찬란

한 미국문화를 형성함에 이르렀고 오늘날 세계사의 주도국이 된 사실들은 모두 다시 없는 좋은 증좌(證左)라고 하겠다.

이들에 공통된 것이 있다면 이미 말씀드린 바와 같이 어느 선진국이건 처음부터 선진국으로서 변함없이 선진국의 자리를 지키고 있는 것도 아니거니와, 한때 후진국이었던 나라 역시 역사의 진운(進運)을 선취(先取)하여 비상한 노력을 기울이면 반드시 선진국으로 부상할 수 있다는 사실이다.

오늘날 우리는 '선진국의 창조'라는 말을 자주 하게 되었다. 이것은 분명 우리의 역사의식을 단적으로 보여주는 국가 의지 표명이라 하겠다. 그러면서도 곧바로 느끼게 되는 것은, 세계 정상의 벽이 두텁다는 사실이다. 이것을 뚫을 수 있는 것은 무엇이겠는가? 역사의 교훈에 따를 것 같으면, 위에 든 사례(史例)에서도 알 수 있듯이, 그들 각국은 모두가 '교육(教育)'에 주력하였다. 교사가 그와 같은 역사적 사명에 각성하여 크게 노력했다.

로마공화국과 제국 시대에 걸쳐 활약한 키케로가 하나의 좋은 예이다. 한 나라가 선진국이 되기 위해서는 그 나라에 훌륭한 교육자가 출현해야 하고, 교육기관을 통하여 인재를 양성해야 한다. 말하자면 19세기 초 할레대학교가 나폴레옹 군대에 의하여 폐쇄되고 새로이 베를린대학교가 창설될 때(1809년), 훔볼트, 피히테, 슐라이에르마허 등은 모두 이 대학 하나에 온갖 교육적 정열을 경주하였던 것이다. 이는 곧 새로운 이념의 대학 출현이 독일의 번영을 가능케 한다고 굳게 믿었기 때문이다. 이 신념은 빗나가지 않았으며 오늘날에 이르기까지 베를린대학교 창건의 역사적 의의가 말해지고, 위의 세 사람은 위대한 교육자로 지대한 존경을 받고 있다. 그리고 이들 뒤에는 이루 헤아릴 수 없는 수많은 교육자의 노고가 있었음은 물론이다.

앨빈 토플러(Alvin Toffler)의 『제3의 물결』에서는 새로운 세기를 가리켜 전자정보시대라 규정하고 있다. 교육자에겐 이러한 역사적 진운에 대한 통찰성이 요청된다. 미국이 근년에 이르러 자동차 생산 등에 있어 일본보다 뒤떨어진 것으로 얘기되면서 무역 마찰을 보여주고 있거니와, 미국의 경우에는 이보다 하나 앞선 제3의 물결을 타기 시작하였기에 결코 당황함이 없고, 도리어 제2의 물결의 끝에 있는 나라를 내려다보고 있기조차 하다는 걸 언젠가(1981년) 토플러가 직접 말한 것을 듣고 나 역시 동감한 적이 있었다.

이렇든 우리 교육자는 기술 문명의 진전 과정뿐만 아니라 보다 넓게는 인류사의 구경적(究竟的) 목표를 올바로 파악하여, 아무리 그것이 고원(高遠)하더라도 구현하기 위하여 교육에 주력해야 한다. 이때 교육은 단지 지식과 정보의 전달자 역할만이 아니라, 교육을 통한 통찰성을 기르는 것을 의미한다고 하겠다.

우리나라 「교육기본법」 제2조에 명시된 '홍익인간의 이념'은 곧 '인류 공영의 이상실현'을 나타낸 말이거니와, 우리 한민족이 세계 인류를 향하여 떳떳이 내걸 수 있고, 선진조국의 창조를 위하여 '교육의 선진화'에 힘쓸 길이 바로 여기에 있는 줄로 안다. 그것은 새로운 세기가 항구적 세계 평화 수립에 의한 '평화의 세기'가 되게 하는 데 있기 때문이다. 이러한 엄청난 일을 가능케 하기 위해서는, 우선 우리나라의 교육이 한 사람 한 사람을 빼어난 인물로 키우는 일로, 질적으로 더할 나위 없이 높은 수준의 것이 되어야 한다. 이제 나는 '통찰성'과 관련해서 다음의 두 가지 점을 지적하려고 한다.

(1) 조예자(造詣者)

우선 교육자가 되는 사람은 '인류문화와 교육 선철(先哲)에 대한 경외심(敬畏心)과 깊은 조예자'여야 한다고 본다. 이 말을 부연해 보면, 교사는 '인류문화'에 대하여 누구보다도 잘 알아야 한다. 인류문화는 인류가 생물학적인 발생 이래로 오랜 세월 동안 발견과 발명에 의하여 이룩해 온 땀의 결정체이며, 생활방식의 총화(總和)이다. 그러기에 문화가 인류를 보호해주고 있는 것이다. 교육자는 이에 대하여 누구

보다도 깊이 알고 있는 사람으로서, 문화재의 계승이 단절될 때 인류
는 보잘것없는 가장 빈약한 야생 동물의 지위로 전락할 수밖에 없다.
교육자의 대단히 중요한 임무가 바로 이 점에 있다.

교육자는 한편 오랜 세월을 통하여 인류의 번영을 위해 헌신해 온
교육 선철에 대하여 경건하게 고개 숙여야 할 것이며, 그들의 행적으
로부터 많은 것을 배워야 한다. 이 경우에 동서양의 교육 선철은 물론
이거니와 특히 한국의 교육 선철에 대해 깊은 연구가 있어야 하며 각
별한 예우가 따라야 한다. 그 옛날 발달했던 사묘(祠廟)나 서원의 형식
이 무엇을 의미하는가 되새겨 볼 필요가 있다.

(2) 시범자(示範者)

다음으로 교육자 되는 사람은 '인생의 참뜻에 대한 이해자요, 후회
없는 인생의 설계 및 실천의 향도자요, 시범자'여야 한다. 다른 직업
도 그렇겠지만 특히 교직에 종사하는 사람은 - 교육자를 아주 좁게
생각하는 경우에 - 무엇보다도 자기 자신의 인생을 보람 있게 살아왔
고, 현재도 살고 있다는 만족감과 충실감이 가득 찬 사람이어야 한다.
다른 직업에 종사하고 있는 사람 역시 그 직업에 보람을 느끼고 만족
감과 충실감이 넘쳐, 남에게 큰 감명을 주고 있다면 그는 곧 교육을
하고 있는 것이며, 그가 다름 아닌 '교직자'라고 생각한다.

그러니 하물며 교직에 종사하는 교사라면 진정으로 인생이 무엇인
지를 제대로 아는 사람이어야 하고, 또한 스스로가 일찍부터 자기 인
생에 대한 명확한 설계자이자 실천자여서, 그로부터 가르침을 받는
젊은이들 역시 그를 따라 각계각층에서 활약하는 인생의 성공자가 되
게끔 하는 향도자요, 시범자의 구실을 하도록 해야 할 것이다.

2. 수월성(秀越性)

둘째는 '탁월한 품격의 소유자'라는 특성이다. 이것을 우리는 '수월성'이라고 줄여서 말할 수 있다. '선진조국의 창조'를 위하여 그 근본이 되는 '교육의 선진화'는 교육을 이끌어 가는 교사 각자의 탁월한 실력, 그리고 이를 전제로 빚어진 높은 교육자로서의 품격에 의해 가능하다.

나는 우리 주변에서 있었던 하나의 실례를 들어 이를 입증해 볼까한다. 1984년 5월에 아시아지역 수구선수권 대회가 서울에서 있었는데, 우리나라 수구팀이 우승하였다. 그때 텔레비전 중계 방송을 통하여 직접 보신 분도 많을 것으로 알거니와, 결과는 10 대 8로 우리나라가 당당히 우승을 거두었다.

그런데 문제는 우리가 국제대회에서 금메달을 땄다는 데만 있지 않다. 물론 당당히 우승했으니 국가로서도 경사이다. 그러나 더 교육적 의의가 깊은 것은 한국의 수구팀이 국제시합이라 하여 공식 출전이 이것이 처음이고, 그것도 팀이 결성된 지 1년이 채 안 되는 연천(年淺)한 수련 끝에 거둔 성과라는 점이다.

사실 결승전이 있기 전에 모두 생각하기에는, 수구의 역사가 길고 많은 전력을 쌓고 있으며 따라서 기술에서도 월등히 앞선 일본 수구팀이 상대인지라 한국팀이 질 것은 틀림없는데, 몇 점 차로 지느냐만이 관심의 초점이었던 것 같았다. 그러나 결과는 예상외로 좋은 팀워크와 함께 슈팅이 뛰어난 선수가 있어 당당히 우리가 승리했다.

경기가 끝나자 우리 선수들은 우승의 기쁨과 아울러 감격한 나머지 수구 감독을 들어 헹가래를 치고 풀장에 던져 넣었다. 결코 감독에 대한 불손한 태도로서가 아니라, 최대의 경의와 그간의 훈련·지도에 대한 노고이자 감사 표시였음을 누구나 강렬히 느낄 수 있었던 장면이었다. 이 장면이야말로 '교육력의 위대함'을 무언중에 입증한 엄숙한 순간이었으며, 교육자의 탁월함이 거의 병아리와 다름없는 약한 팀을 독수리와 같이 강한 팀으로 단시일 내에 변모·성장시킬 수 있음을 알려주는 일이기도 하다. 이와 비슷한 사례로 2002년 한국·일본 월드컵의 히딩크 감독 사례도 빼놓을 수 없다. 너무나 유명한 이야기이므로 따로 설명하지 않아도 될 것이다.

앞에서 살펴본 수구의 경우, 실은 단순히 텔레비전 화면만 보고 알게 된 것이 아니라, 상당 부분 아나운서와 해설자가 주고받는 말 가운데서 얻어들은 내용이기도 하다. 하지만 국제대회에 처음 출전한 한국 수구팀이 우승했다는 기적같은 일은 그것이 결코 우연한 결과가 아니라, 오늘의 영예가 있기까지 온갖 정열과 정력을 쏟은 수구 감독의 '탁월한 실력'과 지칠 줄 모르는 헌신적 노력, 그러한 빼어난 감독으로서의 '품격'의 소치(所致)라고 해야 하겠다.

이렇든 교육자의 '수월성'은 빈약한 피교육자를 단시일 내에 빼어난 존재가 되도록 할 수 있으니, 교육의 선진화가 곧 한 나라를 개도국에서 일약 선두 주자의 나라로 비약적 발전을 가능케 하는 비결이었음을 새삼 느끼게 한다. 교육자 각자의 '수월성'에 기대하는 바가 큰 까닭이 바로 여기에 있다고 하겠다. 이제 나는 '수월성'과 관련해서 다음의 두 가지 점을 지적하려고 한다.

(1) 지성자(知性者)

생각건대 교육자는 '공리권세(功利權勢)를 초극하여 진리의 공도(公道)를 공구(攻究)하는 양심을 지닌 지성자'이어야 한다고 본다. 교육자가 때로 무력하게 보이고 심하게 말하면 무능하게조차 보일 수 있음은 세속적인 의미에서 가장 값있는 것으로 여겨지는 권력이나 금력과 거리가 먼 데서 유래한다고 해야 할 것이다.

그러나 일반 사회에서는 교육자의 처우를 때로는 소홀히 함으로써 두 가지 오류를 범하는 경우가 많다. 하나는 교육자의 대우를 정당하게 할 줄 모른다는 오류요, 또 하나는 그와 같은 오류가 재생산됨으로

써 마침내 뛰어난 능력을 지닌 많은 수월자가 교육자되기를 꺼리는 현상이 나타나게 된다는 오류이다.

이에 대해 생각나는 외국의 일화 하나가 있다. 일본 메이지시대에 있었던 일인데, 오쓰키 후미히코(大規文彦)가 『언해(言海)』를 출간하여 출판기념회를 하게 되었다. 이때 축사를 맡게 된 후쿠자와 유키치(福沢諭吉)는 자신이 당시 정계의 거물인 이토 히로부미(伊藤博文) 다음 순서임을 크게 못마땅하게 여겨, 공개장을 통하여 축사를 사퇴하는 까닭을 밝혔다. 즉 출판기념회는 어디까지나 문사(文事)요, 학문에 관계되는 것인데, 다른 것은 모르되 적어도 교육자로서 이 분야에 관한 한 정치인의 다음 차례여야 할 성질의 것은 아니니, 이런 순서를 제대로 지킬 줄 모르는 출판기념회에서는 축사할 생각이 추호도 없다고 단호히 물리쳤다. 교육자로서의 자랑스러운 긍지와 드높은 기개를 천하에 널리 알리려 했던 것이다. 실로 교육자는 공리와 권세를 초극하여 진리의 공도를 공구하는 양심을 지닌 지성자가 되어야 한다.

(2) 구도자(求道者)

또한 교육자는 '교회불권(教誨不倦)이며, 교학상장(教學相長)인 신념의 고취자요 인생의 구도자'여야 한다고 본다. '사람다운 사람을 키우는 것'이 교육자의 임무이고 보면, 교육자는 스스로가 진정 사람다운 사람이 되어야 한다. 그러나 완전무결한 사람이란 처음부터 없는 법이니, 적어도 감히 남을 가르치고자 마음먹은 사람이라면 결코 배우기를 멈추어서는 안 되며, 또한 끊임없는 수도(修道)를 해야 할 것이니, '인생의 구도자'라는 말을 쓰는 까닭이 바로 여기에 있다.

한편 여기서 '신념의 고취자'라고 규정한 것은 끝없는 인간 완성을 목표로 구도하는 교육자가 지니는 '신념'을 말하는데, 이는 진리와의 관계에서 갖게 되는 지극히 겸허한 태도에서 우러나오는 '신념'이기도 하다. 이러한 대전제에서 말해지는 '신념의 고취'는 결코 주입도 아니

거니와 그릇된 선전이나 교화와도 구별됨을 우리는 알 수 있다. 교육
자의 개성이 얼마나 지대한 교육적 영향력을 발휘하는가를 다시 한번
상기함이 좋다. 참된 교육자는 결코 '물에 물 탄듯한' 개성 없는 자가
아님을 말하는 것이기도 하다.

3. 독창성(獨創性)

셋째는 '풍부한 교육학적 식견과 학문적 독창성 및 걸출한 인재 배
양'이라는 특성이다. 이것을 우리는 '독창성'이라고 줄여 말할 수 있
다. '교육의 선진화'는 교육자 자신의 비상한 '독창성'에 크게 기대하
지 않을 수 없다. 오늘날까지 교육자의 대명사로 말해지는 페스탈로
치는 말할 나위도 없거니와, 미국이 선진국의 반열에 올라서게 된 시
기에 결정적인 공헌을 한 듀이 등 수많은 교육자들을 보면, 우리는 큰
놀라움과 교육자의 '독창성'이 지니는 의미에 크게 각성케 된다.

미국에서 '교사의 교사'라고 추앙받는 호레이스 만(Horace Mann)
이 1843년 유럽교육을 시찰할 때만 해도, 미국교육의 실제는 페스탈
로치식 교육에서 볼 때 너무도 거리가 멀었다. 그러기에 그는 언제 미
국도 그러한 사랑의 교육을 실현할 수 있을까 하고 자못 부러워하기
조차 하였다. 그러나 미국의 교육지도자들은 단지 부러워만 하지 않
고, 스스로 현대 민주교육의 모형을 창안(創案)하기에 이르렀다. 그중
에서도 주류를 이루게 된 것이 이른바 진보주의자들로, 프래그머티즘
이 사상적 기초를 이루고 있음은 널리 알려진 사실이다.

8·15 민족광복을 맞아 우리 역시 바야흐로 민주교육 건설에 매진
하려고 할 때, 무엇보다도 격렬하게 영향끼친 것이 있다면 19세기 후
반 이후 20세기 초에 이르러 특히 활발하게 전개된 미국의 신교육운
동이었다. 그리고 그때 느낀 것은, "미국도 개척자정신으로 교육에 새
로운 시도를 과감히 펼쳐 감으로써 오늘의 훌륭한 교육적 현실을 가져

온 것이 아닌가. 그렇다면 우리 역시 배울 것은 바로 이 개척자정신이
요, 그와 같은 과감한 시도(試圖) 정신이다.”라는 것이었다.

사실 듀이 한 개인의 예를 들어 보더라도, 당시 물밀듯 들어온 유럽
문화 중에서도 독일의 정신문화, 칸트 및 헤겔철학이라는 강력한 영
향 아래서 그것을 어떻게 초극할 것인가에 진지하게 대결하였고, 그
해결책은 그가 남긴 방대한 양의 저서와 논문 및 구체적인 신교육운
동으로서 결정화(結晶化)하였고 개화하였다.

이를테면 학습지도법의 경우만 하여도 듀이의 ‘문제해결법’을 비롯
해서 파커스트(Helen Parkhurst: 1887-1973)에 의한 ‘달톤 플랜(Dalton
Plan)’이라든가, 모리슨에 의한 ‘단원법(單元法)’ 또는 킬패트릭이 체계
화한 ‘구안법(構案法: Project Method)’, 오버스트리트(Harry Overstreet)가
창안한 ‘부안제(陪案制) 토론법(혹은 패널 토론회; panel discussion
method)’ 등 블룸이나 브루너에 이르기까지 지금도 계속 수많은 학습
지도법이 창안(創案)되고 있다.

우리가 을유광복 당시 기약한 바가 새로운 교육 및 교육학의 창건
이었음을 상기해 보면, 그로부터 40년 가까이 지난 지금에 있어 그간
이룩한 것 가운데 어찌 독창적인 것이 전혀 없었다고 하겠는가? 그러
나 아직은 영성(零星)한 것이기에 이 대목에 있어 우리는 장차를 기약
할 수밖에 없을 것 같다. 다만 우리는 그간 우리의 교육실천 및 교육
이론의 전개 과정을 극명하게 분석·정리하는 작업도 본격화해야 할
시기에 온 것이 아닌가 한다. 그렇게 할 때 우리의 ‘독창성’에 대한 시
각도 더욱 넓어지고 예리해질 것이다. 여기에 있어 나는 ‘독창성’과
관련하여 다음의 두 가지 점을 지적하려고 한다.

(1) 개척자(開拓者)

생각건대 교육자는 ‘문화의 재창조자요, 새로운 교육학의 이론 및
실천의 개척자’여야 한다. 이미 우리는 앞에서 미국의 예를 들어 교육

자는 모름지기 새로운 교육학의 이론 및 실천의 개척자가 되어야 함을 강조한 바 있다. 이러한 점에서 우리 역시 을유광복 후 수년간을 회고해 보면, 당시 우리나라 일선 교육자들의 교육연구 및 실천에 대한 개척자정신은 어느 때보다도 그 열기가 드높았던 것이 아닌지, 지금도 자랑스럽게 되새겨보곤 한다. 이제 우리가 선진조국의 창조를 이룩하는 데 있어서, 우리 교육자는 '문화의 재창조자'로서 새로운 교육의 이론과 실천의 개척자가 되어야 할 것이다.

(2) 봉사자(奉仕者)

한편 교육자는 '인류번영과 걸출한 인재 배양에 대하여 한없는 희열을 느끼는 사회봉사자'가 되어야 한다. 훌륭한 교육자가 무엇인가를 규정 짓는 준거의 하나로서 우리는 '뛰어난 인재'를 배양하는 일을 들지 않을 수 없다. 교육자의 가장 핵심적인 역할이 인재 배양이니 너무도 당연한 일이다.

이 경우에 우리는 질적으로 뛰어난 인재를 배양했는지 여부가 문제시된다. 지금도 해마다 수많은 청소년들이 우리 교육자와의 관계에서 인간형성을 이루고 있다. 성공한 인사들이 자기형성에 결정적인 영향을 준 계기를 토로할 때, 빠짐없이 나오는 것이 그 옛날 자기를 키워주신 은사님들의 성함이고 보면, 진정 교육자는 걸출한 인재 배양과 인류와 사회의 발전 · 번영을 위한 위대한 '봉사자'라고 하겠다. 여기에 교육자의 비길 바 없는 보람이 있기도 하다.

4. 대애정신(大愛精神)의 구현자(具顯者)

교육자와 관련해서 하나 더 강조해야 할 것이 있다면 무엇일까? '교육자의 사기(士氣) 진작(振作)'이라 하겠다. 교육자의 사기 진작을 위한 길에는 적어도 두 가지가 있다. 하나는 교육자 스스로가 '위대한 교사'가 되도록 힘쓰는 일이요, 또 하나는 외부적 제반 조건인 '교육자에 대한 무한한 신뢰와 존경 및 절대적이며 전폭적인 지원'이다.

그러기에 우리 교육자 되는 사람들은 각자의 자기 사명에 크게 각성하여 부단한 자기 수양과 정진(精進)으로 위대한 교사가 되기에 힘써야 하고, 사회의 제반 여건은 교사되기를 인생의 으뜸가는 보람으로 절실히 느낄 수 있도록 개선되어야 한다.

상당히 시간이 흘렀지만, 예전에 '스승의 날'에 즈음하여 텔레비전 좌담회 석상에 초등학교 교사 대표로 나오신 선생님 말씀이, "일반 회사에는 에어컨 시설을 다 갖추어 사무 보기에 좋으나, 초등학교는 한 교실에 70, 80명씩 콩나물 교실인데도 냉방 시설이 전혀 되어 있지 않아 위생적으로도 말이 아닌 실정이다."라고 교육환경 개선의 시급성을 호소한 절규(絶叫)가 지금도 귓전에 들리는 것만 같다.

선진조국의 창조가 '교육의 선진화'에 있고, 그것의 관건(關鍵)이 '교육자'에 있다면, 우리는 당장 지금부터라도 국가 정책의 우선순위에 교육 및 교육자의 우대를 올려놓아야 할 것이다. 이는 곧 우리 대한민국의 비약적인 발전을 위한 첩경이라고 감히 말할 수 있다.

그러면 우리가 기약하는 바 위대한 교사관은 과연 어떤 사람이겠는가? 단적으로 말해서 나는 '대애지순인(大愛至醇人)'이라는 말로 표현하려고 한다. 작은 사랑[소애(小愛)] 즉 편애하는 사람이 아니라, 큰 사랑[대애(大愛)]을 할 줄 아는 사람이요, 마음이 맑고 또 맑아 이루 말할 수 없을 만큼 맑은 마음씨[지순(至醇)]를 지닌 사람이다. 그러기에 교육자는 '대애 정신의 구현자'요, '대애지순인'이 되어야 한다. 후세에 이름을 남긴 위대한 교육자는 그 모두가 곧 '대애지순인'이었다는 사실을 상기해 보아도 좋을 것이다.

그뿐만 아니라, 우리는 각계각층에서 그 분야의 일인자가 곧 교사
요, 교육자임을 바로 이해하고, '일류의 교사만이 일류의 인물을 키워
낼 수 있다.'는 생각에서 일류급 교사가 되기 위해 생명이 다 할 때까
지 힘써야 하리라고 본다.

생각건대 우리는 '교육의 선진화'가 민족과 국가의 사활이 걸린 문
제라는 엄연하고도 냉엄한 역사적 현실을 직시하고, 마침내 '교육을
통하여' 선진조국을 창조하고, 후세사람들이 감사받는 교육자가 되어
야 하리라고 본다. 실로 우리에게 열려있는 오직 하나의 활로는 새로
운 세기의 주도자, 한국 교사의 역사적 사명에 크게 각성하고, 교육자
로서의 위대한 꿈을 지닌바, '군자상달(君子上達)의 길'밖에 없다고 하
리라.

제12조
항상 마음을
옳게 써야 하느니라

올해(2009년)의 신년휘호는 마음 「心」(심) 자를 적어 보았다. 새해 덕담(德談)으로 적어 놓은 「심(心)」의 풀이는 다음과 같다.

휘호 심(心)

올해는 신년 휘호자로 마음 심(心) 자를 써 보았습니다. 만사 '마음먹기에 따른다'고 하지 않습니까? 그만큼 마음 [심(心)]이 중요하다는 얘기이겠습니다. "항상 마음을 옳게 써야 한다."라는 것이 저의 선친께서 가르쳐주신 말씀이어서 이를 가훈으로 지키고 있습니다. 아울러 '밝은 눈', '찬 머리', '뜨거운 가슴'을 강조하고 있습니다. 마음껏 뜻하시는 일들이 이루어지시는 한 해가 되시기를 기원합니다. 새해에 복(福) 많이 받으십시오.

이 짧은 덕담은 매년 초대되어 나가던, 서울대학교 교육학과와 사회교육과 동문회에서 거행되는 신년 하례식에서 할 인사말을 예상하고 미리 써놓았던 것인데, 나의 건강(기침이 많이 나는 등) 사정으로 두 곳 다 불참하게 되어, 글로라도 남겨 둔 것이다.

이미 위에서 밝힌 바와 같이 이 "항상 마음을 옳게 써야 하느니라." 는 선고(先考)이신 한영우(韓榮愚) 공의 가르침으로, 결과적으로 우리 집 가훈(家訓)의 첫머리에 나오는 말이 되었다. 나는 매년 아버지 기일 (忌日)에 가족 앞에서 이 얘기를 되풀이해 왔다. 그 결과 우리 집 애들 은 모두가 이 가훈 따라 '항상 마음을 옳게 쓰려고 하고 있으니' 고마 운 일이다. 우리 아버지의 참된 정신이 자손들 마음속에 살아 계승됨 을 실감케 한다.

우리 아버지는 그 옛날 다니시던 회사 전무 시절에 회사원들로부터 "부처님 가운데 토막같이 마음씨 고운 분이시다."라는 칭송을 받아왔 다. 그런 아버지가 남겨주신 귀한 가르침이라 할 수 있다. 신년 휘호 로 내가 「심(心)」 자를 쓴 것은 이번에 네 번째이다.

첫 번째는 1990년으로 한자로 마음 「心」 자를 먼저 크게 쓰고, 마 음가짐의 세 가지 상태인 求放心(구방심), 常虛(상허), 退而結綱(퇴이결 강)을 위에서 아래로 써 보았다. 맹자의 말 가운데 '구방심(求放心)'이 라는 말은 떠난 마음을 되찾으라는 뜻인데, 한 예로 우리가 가까이하 던 책도 조금만 신경을 쓰지 않으면, 즉 '마음에 두지 않으면' 어디 있 는지 몰라 한참 찾게 된다. 그러니 항상 그 책에 마음 즉 관심을 두고 있으라는 얘기가 되는데, 만사가 그렇다는 것이다. '상허(常虛)'는 노자 사상에 통하는 말인데, 마음을 비워 둘 때 '바른 마음' 상태가 될 수 있다는 얘기도 된다. '퇴이결강(退而結綱)'은 『한서(漢書)』 「동중서전(董 仲舒傳)」에 나오는 말로, "임수선어(臨水羨魚), 불여퇴이결강(不如退而結 綱).", 즉 "물가에 가서 물고기를 갖고자 욕심내는 것은 물러나 그물을 짜는 것만 못하다."라는 말에서 온 것이다. 사람들이 무언가를 성취 하고 싶다면, 그것을 가능케 할 만큼의 준비와 수련이 필요하다는 가 르침이다. 이렇게 나는 「心」 자의 중요성을 강조하고 싶어 세 가지 설 명을 곁들였었다.

두 번째는 1991년으로 한자로 마음 「心」 자를 먼저 크게 쓰고, 그 뒤에 人傑由來(인걸유래)와 積德門(적덕문)을 적어 보았다. 훌륭한 인재

가 태어나는 것은 덕을 쌓은 가문(家門)에서 가능하다는 뜻인데, 마음
을 항상 옳게 쓰는 가정이 되어야 함을 강조했던 것이다.

세 번째는 1996년으로 弘益人間(홍익인간)을 먼저 쓰고, 뒤에 강조
하는 의미에서 마음 心(심) 자를 크고 굵게 써 보았다. '홍익인간'은
한국인 누구나가 잘 알고 있는 우리나라의 교육이념이다. '홍익인간'
은 우리 말의 '멋'이요, 풀이하면 '인류 공영의 이상실현'이니, 마음가
짐에 대한 구체적인 설명도 되리라.

그리고 마지막 네 번째로 2009년에는 단지 한자로 마음「心」자 하
나만을 적어 보았다. 이는 앞에서 새해 덕담으로 몇 자 적어 놓았듯이
마음가짐이 중요함을 강조한 것인데, 나는 이렇듯 거듭거듭 마음「심
(心)」자에 마음이 간다. 아마도 자연 우리 아버지의 가르침이신 "항
상 마음을 옳게 써야 하느니라."가 메아리치고 있기 때문이리라. 여기
에 부기(附記)할 것은 그 후 내가 써 본 "「심(心)」자 자가(自家) 풀이"
이다(2009년 1월 27일 「학회기(學誨記)」에서 인용).

  상형문자인 「心」 자에 대하여 자가(自家) 풀이를 해 보았다. 즉,
마음 심(心)이란 무엇인가?
  먼저 '그릇'(ㄴ)이다. 그릇이 크면 많은 것을 담아낼 수 있고, 그
릇이 작으면 그러지 못한다. 그러기에 '마음이 넓은 사람'을 가리
켜 '도량(度量)이 큰 사람'이라고 하지 않는가?
  그리고 마음 심(心)의 나머지 세 점은 무엇을 의미하는가? 과거,
현재, 미래를 의미한다고 본다. '그릇' 중앙에 있는 점이 '현재'요,
좌우가 각각 '과거'와 '미래'다. 즉 언제나 과거와 미래에 마음을
쓰되, 집중해야 할 것은 '현재'(역사적 현실)이니, 중앙에 놓아둔
것이다. 이것이 나의 「심(心)」 자 자가 풀이이다.

제13조
기초주의의 교육적 가치체계

　이것은 '기초주의의 구조'를 의미한다. 그 전제가 되는 것은, 교육의 '구(球)'적 인식에 있다. 인간의 의식 구조를 '구'로 보고 있다. 따라서 인간의 의식 방향으로 말하면, 360도 전방향성(全方向性)이니, 일일이 선으로 그 방향을 그려본다면 이루 헤아릴 수 없이 많을 것이다. 따라서 이를 단순화시켜 본 것이 여섯 가지 방향이다. 즉 상하, 전후, 좌우로서 이것을 나는 각각 의미 부여하여 다음 그림과 같이 만들어 보았다.

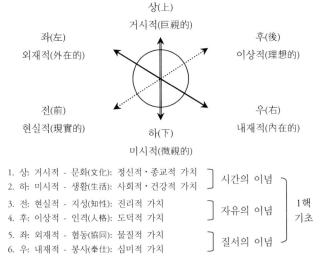

[그림 1] 인간 의식의 6가지 방향성(方向性)

이것을 각각 둘씩 묶어서 3이념(시간·자유·질서)이라 하였고, 다시 통합한 것이 1핵(기초)이다. 그 반대로 말하면, 인간형성의 핵사상인 1핵에서 세 가지 차원인 3이념이 나왔고, 다시 둘씩 해서 모두 여섯 가지 가치체인 6개념이 나온 것이기도 하다. 이 기본적인 이해가 매우 중요하다고 본다. 왜냐하면 「기초주의」의 모든 이론에 이 '1·3·6'이 일관되게 설파되어 있기 때문이다.

1. 핵사상: 1핵 = 기초

'기초'란 기초주의에서 인간형성의 핵사상을 가리켜 말하는 교육적 존재요, 관건적 용어이다. 3이념 6개념과 아울러 말해지는 '1핵'에 해당하는 말이다. 여기에는 세 가지 차원이 있다고 본다. 체험의 차원, 통념의 차원 그리고 이론의 차원이다.

체험의 차원에서는 사람에 따라 구체적인 체험이 다른 것은 물론이지만 하나의 공통점이 있다면 그것은 '만사에 기초가 있을뿐더러 기초가 가장 중요하다는 사실'이다. 이 역시 구체적으로 몇 가지 사례를 가지고 있지만 그중에서도 수영선수 생활 만 10년의 체험에서 깨달은 '기초의 중요성'은 으뜸가는 체험사례라 하겠다.

통념의 차원에서는 건축에 기초가 중요하다는 것은 흔히 하는 말이다. 성수대교 붕괴라든가 삼풍백화점 붕괴, 더 오래전으로 올라가 와우아파트 붕괴 사건 등은 모두 기초가 허술한 데서 일어난 대참사였다. 이와 반대로 손기정 선수라든가 황영조 선수에 의한 올림픽 마라톤 우승은 마라토너의 '기초'를 튼튼히 한 데서 온 승리였다고 하겠다. 그러기에 교육에서는 무엇보다 '기초'를 강조하는 것이다.

이론의 차원에서는 다음 여섯 가지로 '기초'의 교육적 의미를 설명할 수 있다. 즉 ① 인간형성의 핵사상으로서의 기초, ② 진리로서의 기초, ③ 창조의 논리로서의 기초, ④ 교육적 평가 기준으로서의 기초,

⑤ 교육이념으로서의 기초, ⑥ 지남성(指南性)으로서의 기초이다.

2. 세 가지 차원: 3이념

기초주의에서는 '3이념'이라 하여 '시간의 이념', '자유의 이념', '질서의 이념'을 강조하고 있다. 구조적으로는 인간형성에 있어서의 세 가지 차원인 전통·주체·개혁을 전제로 삼은 것이다. 우리는 자기형성을 해나가는 데 있어서 선인들의 업적에 경건하게 머리를 수그려 크게 배우고, 자기 위치와 사명을 직시하고, 감연히 머리를 들어 새로운 문화창조에 매진토록 해야 한다.

이러한 세 가지 차원에서 교육상 매우 중요하다고 여겨지는 용어로 자리 잡은 것이 '시간', '자유', '질서'였다. 각각 인간형성에 있어서 매우 중요한 용어임은 물론이거니와, 인간형성의 '3이념'으로서 유기적인 파악이 중요하다고 보았다. 이 세 가지 이념을 달리 말하면 '밝은 눈, 찬 머리, 뜨거운 가슴'이라 하여, 인간형성에 있어서 역사적 통찰력과 냉철한 사고판단 그리고 정력적인 추진 실천궁행(實踐躬行)을 나타내려 했다.

3. 여섯 가지 가치체(價値體): 6개념

기초주의에서는 '6개념'이라 하여 여섯 가지 가치체를 강조하고 있다. 나는 전통과 주체와 개혁이라는 세 가지 차원과 함께 거시적, 미시적, 현실적, 이상적, 외재적, 내재적이라는 '여섯 가지 방향성'을 머리에 그리면서, 기초주의의 가치체계를 생각해 보았다. 그리고 그것을 기초주의의 '6개념'인 문화·생활·지성·인격·협동·봉사라고 해보았다.

1) 문화: 정신적・종교적 가치에 해당하는 것으로, '성(聖)'이나 '효(孝)'의 가치체이다.
2) 생활: 사회적・건강적 가치체에 해당하는 것으로, '건(健)'이나 '성(誠)'의 가치체이다.
3) 지성: 진리적 가치에 해당하는 것으로, '진(眞)'이나 '공(公)'의 가치체이다.
4) 인격: 도덕적 가치에 해당하는 것으로, '선(善)'이나 '관(寬)'의 가치체이다.
5) 협동: 물질적 가치에 해당하는 것으로, '부(富)'나 '근(勤)'의 가치체이다.
6) 봉사: 심미적 가치에 해당하는 것으로, '미(美)'나 '신(信)'의 가치체이다.

기초주의의 여섯 가지 가치인 '문화・생활・지성・인격・협동・봉사'는 각각 '성・건・진・선・부・미'라든가, '효・성・공・관・근・신'과의 관계와 대비하면 더욱 이해가 쉬우리라고 본다. 이렇든 기초주의의 '교육이념' 체계인 '1핵・3이념・6개념'은 특정 사회나 특정 종교, 특정 학설에 고착된 술어를 피하고, 교육용어로서의 일반성을 취해 보려고 하였다.

본 장(章)의 주제인 '1핵 3이념 6개념'은 나의 저서『한국교육의 이념』(1968)에서 이미 자세하게 논급한 바 있고, 그 후 나온 나의 책 도처에 설명해 두었기에, 여기서는 '가장 중요한 장(章)'임을 알면서도 지극히 짧은 설명으로 그쳤다.

주저인『상황과 기초: 구상교육철학으로서의 기초주의』(1990)에 가장 상세한 설명을 해 두었고, 가장 간략한 글로는『교양으로서의 교육학 -교육의 세기와 기초주의-』(2002) 제9장 '기초주의의 원형'(235-259)이 있음을 일러둔다.

제14조
기초주의 건강법

　사람마다 자기 자신의 '건강법'이 있을 줄로 안다. 나 역시 하나의 방식이 있어, 이름하여 「기초주의 건강법」이라 부르고 있다. 이는 나의 저서 『기초주의교육학』(2002: 139-140쪽)에도 소개하고 있다.

　이 「기초주의 건강법」이 탄생, 즉 '체계화'된 것은 1996년(1월 4-7일)의 일이다. 교육 시찰차 홍콩, 마카오, 선전(深圳) 여행 중, 함께 갔던 일행들(「낙원박사회」, 나는 특별회원으로 참여함)이 갑작스럽게 나에게 연장자이니 무슨 건강법의 비결이 있을 것 아니냐 하면서 발표를 요청하였다. 나는 무슨 건강법 전문가도 아니지만, 나의 평소 생각을 결국 기초주의의 1·3·6에 입각하여 「기초주의 건강법」으로 정리하여 말하게 되었다. 이를 정리해 보면 다음 <표 5>와 같다.

<표 5> 기초주의 건강법

1핵(核)	3요점(要點)	6통칙(通則)
마음씨 (항상 마음을 옳게 써야 하느니라)	I. 안심(安心)	1. 바른 자세
		2. 바른 보행
	II. 수면(睡眠)	3. 바른 호흡
		4. 규칙적인 식사
	III. 변통(便通)	5. 알맞은 운동
		6. 즐거운 독서

위의 표 내용에 대하여 내 나름대로 간단히 설명해 보면 대략 다음과 같다.

1. 1핵: 마음씨

'마음씨'에 관련된 사항은 "제12장 항상 마음을 옳게 써야 하느니라."에서 이미 언급된 것이므로, 더 부연치 않기로 하겠다. 다만 '마음'이 건강에 가장 중요한 핵심임은 강조해 두기로 하겠다. 더욱이 노인들의 경우는 육체적 질병 못지않게 '마음의 병'이 문제가 된다고 본다.

2. 3요점: 안심·수면·변통

1) 안심: 마음이 편안해야 함을 강조한 것이다. 마음이 편치 않으면 병이 생긴다는 생각에서 한 말이다. 편안한 마음으로 항상 살자는 것이다. 심(心)이라는 글자가 들어 있다는 점에서 '1핵'에서 강조한 것을 다시 '3요점'의 첫 번째로 꼽은 셈이기도 하다. 그래서 괄호하고 "항상 마음을 옳게 써야 하느니라."라고 했다. 사실 마음을 옳게 쓰면 만사가 잘 풀리고, 마음을 나쁘게 쓰면 일이 꼬인다는 것을 누구나 살아오는 가운데 느꼈으리라고 본다. 항상 마음을 옳게 써야 한다.

2) 수면: 잠을 잘 자야만 건강에 좋다. 심리 실험 결과로도, 밥을 굶는 것보다 잠을 못 자게 할 때, 생명에 대한 위험도가 더 높아진다는 것이 밝혀졌다. 그만큼 '수면'은 생명에 직결되고, 잠을 제대로 자야만 건강할 수가 있다. 피로도도 야간작업을 한 사람이 주간 작업을 한 사람보다 더 높고, 피로 회복에도 더 오랜 시간이 필요하다. 그렇듯 사람은 밤에는 자게 되어 있다.

나의 경험으로는 하루에 세 시간 푹 자는 것으로 충분한 게 아닌가 여긴 적이 있다. 학생 시절 수영부 현역 선수 생활을 하는 한편, 가정교사 생활을 각각 만 10년 하였다. 자연히 12시까지 학생을 지도한 후, 나 자신도 공부해야 하므로 오전 2시에서 5시까지 만 3시간 푹 자는 생활을 계속했는데 건강에 특별히 이상은 없었다. 또 요즈음은 노인이라(만 84세) 잠자는 시간은 길어졌는데 수면의 단위(單位)는 1시간 30분이 아닌가 여긴다. 그러나 '숙면'이라면, 만 3시간 수면은 수면 단위로 쳐서 두 단위 동안 잔다는 얘기가 되는 게 아닌가 한다.

잠자는 일은 피로 회복과 함께, 어떤 의미에서는 좋은 생각이 착상(着想)되는 지극히 생산적인 시간이 아닌가 한다. 나 자신은 낮잠을 즐기는 편인데, 이것 역시 단순히 자는 것 이상으로 연구 중인 과제 해결의 실마리 찾기일 경우도 있어 낮잠 자는 일을 결코 비생산적이라고 생각하지 않고 있다. 1시간, 때로는 1시간 반 정도의 낮잠이지만… 어떻든 잠을 잘 자는 일은 건강의 필수 요건의 하나라 하겠다.

3) 변통: 이것은 건강에 대단히 중요한 요점이다. 먹고 마시기만 하고 대·소변이 나오지 않는다면 그 이상 위험하고 기막힌 일은 없다. 따라서 우리는 아무 불편을 느끼지 않고 소변, 대변을 볼 수 있는 점에 무한히 감사해야 한다고 본다. 이 면의 전문적 식견을 가진 사람들은, 단순히 대·소변이라 하여도 그냥 넘기지 않고 소변의 색깔이나 빈도에 신경을 쓰고, 대변 역시 굵기라든가 색깔 등에 유념하고 있음을 알 수 있다. 그러니 이를테면 매일 나오는 대변이 '굵은 것 하나'가 쭉 나온다면 그것 하나라도 건강이 보장된 것 같아 기분 좋을 것 아니겠는가. 그만큼 배설인 '변통'은 건강에 있어 중대한 요점이다.

3. 6통칙(通則)

1) 바른 자세: 바른 자세를 가져야 한다는 것은 우리가 어려서부터 배워온 일 중의 하나이다. 책을 읽을 때도 책과 30센티 간격을 두어야 한다거나, 글씨 쓸 때도 너무 수그리지 말고 자세를 바르게 하고 써야 한다고 가르침을 받아왔다. 또 의자에 앉을 때도 직각으로 앉아 자세를 바로 해야 한다는 말을 들어왔다. 이렇듯 그 가르침을 따라 언제나 '바른 자세'로 지낸다면 건강에 좋을 것이 틀림없다고 나는 생각하고 이를 실천하여 왔다.

2) 바른 보행: 바른 자세와 함께 보행 역시 자세를 바로 해서 한 발 한 발 걸어야 한다. 패션모델이 걷는 모습까지는 아니더라도 허리를 곧게 편 보행은 건강에 중요한 통칙의 하나이다. 또한 '만 보 걷기'가 장려되고 있거니와, 걷는 것 하나만 제대로 하여도 건강 유지에 큰 도움이 됨은 물론이다.

내가 서울대학교 사범대 교수로 있을 때의 경험한 바로 마침 연구실이 관악 캠퍼스에서도 높은 곳에 있었기에, 이를테면 정문부터 연구실까지 20분이나 걷게 되니, 군자동 집에서 왕복할 때면, '만 보 걷기'가 저절로 됨을 느꼈다. 이럴 때도 역시 명심했던 것은 허리를 곧게 편 '바른 보행'이라는 통칙이었다.

3) 바른 호흡: 호흡은 '생명'과 직결된 것이니 '바른 호흡'을 해야 함은 말할 나위도 없다. 물속에 들어가 호흡하지 않고 견뎌내는 시간을 재보면 알 수 있듯이, '1분간'도 참아내기 어렵다. 육상에서 생활할 때 '1분간'은 짧기만 하지만, 막상 숨을 쉬지 못하는 물속에서의 '1분간'은 아주 버티기 어려운 긴 시간이다. 그만큼 우리가 힘 안 들이고 '호흡'할 수 있다는 것은 큰 축복이요, 감사할 일이다.

나는 '호흡'의 중요성을 수영선수 생활을 통하여 절실히 느껴 온 사람이다. 가슴에 있는 공기를 완전히 밖으로 내보냈을 때 입을 열기가 무섭게 삽시간에 공기를 가슴 가득히 들여 마시는 체험으로 '바른 호흡'의 중요성을 깨달을 수 있었다.

4) 규칙적인 식사: 나는 하루에 세 끼 꼬박꼬박 식사하는 것을 지키고 있다. 대체로 아침은 8시, 점심은 12시, 저녁은 18시로 하고 있다. 다만 그때그때 사정에 따라 10-20분 정도 늦어지기도 하지만, '규칙적인 식사'라는 통칙은 지키려 하고 있다. 따라서 세 끼 식사 때 말고 '간식'은 전혀 하지 않고 있다. 간식을 사절하는 인사말로 "이 닦았어요."라고 했다. 그래서 어린 손자(지금은 중학생이 되었지만…) 성구 군만 하여도 안 먹겠다는 말을 "이 닦았어요."로 알고 아주 어렸을 때, 집사람(즉, 성구 할머니)이 무엇을 주고 먹으라 하면, 먹기 싫을 때는 으레 "이 닦았어요."라며 사양하곤 하였다. 그것이 재미있어서, 한동안 이 말이 집안 유행어가 되었다. 나는 지금도 이 말을 써서, 언제나 '간식'(불규칙한 식사)을 피하고 있다. 그래서 그런지 식사 자체가 맛있고, '변통' 역시 고르니 감사한 일이다.

5) 알맞은 운동: '운동'이 건강에 좋다는 것은 누구나 다 잘 알고 있는 일이다. 그러기에 스포츠 센터에 열심히 다니는 사람들도 많다. 나는 학생 시절에 수영선수 생활을 해 온 관계로, 현역 선수 생활이 끝난 후에는 무리하게 운동하는 것보다는 '알맞은 운동'을 신조로 삼고 살아오고 있다. 그 결과 '맨손체조'[도수체조(徒手體操)]가 주가 되었다. 내 나름의 순서에 따라 아침에 일어나면 꼭 하고 있다.

그러나 작년(2008년)부터는 이 '맨손체조'를 하지 않게 되었다. 그 까닭은 '기침'이 나기 때문이다. 하는 수 없이 요즈음은 '제자리 걷기 500보'라는 지극히 적은 양의 운동을 하게 되었다. 때로는 하루에 두 번 해 보는데, 그래야 겨우 '제자리 걷기 1,000보' 아닌가? 너무도 적은 양의 운동이지만 그렇더라도 나는 당분간 이 정도의 운동으로 매일을 지낼 생각이다. 너무 욕심내서 '기침'이 심해지느니, 몸을 달래가면서 내 나름의 '알맞은 운동'으로 만족할 생각이다.

미국의 '조깅' 창시자가 장수하지 못하고 세상을 떠났다는 보도를 본 생각이 난다. 운동선수 가운데도 현역을 그만두고 얼마 후 갑자기 세상을 떠난 사례도 본 적이 있어, 나는 남이 웃더라도 내 몸에 맞는 '알맞은 운동'의 통칙을 지킬 생각이다.

6) 즐거운 독서: 육체적으로 또 하나 중요한 것이 '두뇌'라고 본다. 그 두뇌에 양식을 공급하는 것이 '독서'라 하겠다. 다행히 나는 학자 생활을 하는 사람이기에 이 '즐거운 독서'라는 통칙은 너무도 자연스러워서 하나도 부담감을 느끼지 않는 대목이다. 사실 하루라도 책을 보지 않고는 못 배기는 것이 나의 생리 상태이니, '독서'야말로 두말 없이 '즐거운' 일이다. 사람에 따라서는 '독서'하는 일이 부담스러워 별로 즐겁지 않을런지 모르겠으나, 아무쪼록 자기 자신의 두뇌에 영양을 공급하는 일이니 '즐거운 독서'가 되도록 했으면 한다. 실은 나의 경우 독서는 나의 교육이론이자 교육철학인 「기초주의」의 이론적 체계 심화 작업의 일환이니만큼 자연히 읽는 책 역시 이에 관련된 것이어서 '독서'의 의미는 더욱 크기만 하다.

이상 나는 「기초주의 건강법」이라 하여 내가 건강을 유지하는 방법으로 '1핵·3요점·6통칙'이라는 관점을 제시해 보았다. 그리고 이 체계를 일본의 95세 현역 의사인 히노하라 시게아키(日野原重明)가 쓴 『건강심득 10개조(「健康心得」10ヵ条)』(『文藝春秋』, 2007년 10월호: 186-193)에서 권하는 건강법과 비교해 보았다. 다음의 <표 6>을 보면, 비교란에 있는 숫자는 히노하라의 10개조 중에서 나의 건강법과 상당히 유사하다고 생각되는 항목 번호를 직어본 것이다.

활력 넘치는 노익장 의사의 체험에서 나온 건강법이니 경청할 필요가 있을 것이다. 더욱이 현재 나의 건강 상태는 기침이 나고 나보다 10살이나 많은 그와 비교가 안 될 만큼 열악하다. 따라서 나는 그의 주장에 귀 기울이고 앞으로도 나의 건강 회복에 도움을 받을 생각이다. 다만 그럼에도 불구하고, 표의 비교 항목에서 알 수 있듯이 그의 주장에는 「기초주의 건강법」에 비해 어떤 체계가 보이지 않는다는 점에서 건강법의 '체계성'이 의외로 엉성한 것이 아닌가 하는 것이 솔직한 나의 소감이다.

<표 6> 한기언의 「기초주의 건강법」과 히노하라(日野原重明)의 건강 10개조 비교

건강심득 10개조 (히노하라)	기초주의 건강법 (한기언)	비교
	1핵: 마음씨	건강심득 5, 8조
1. 소식(小食)	3요점:	
2. 식물유(植物油)를 취한다	① 안심	건강심득 5조
3. 계단은 한 단 뛰어넘어	② 수면	
4. 속보(速步)	③ 변통	
5. 언제나 웃는 얼굴	6통칙:	
6. 고개 회전	① 바른 자세	건강심득 9조(?)
7. 숨을 내뱉는다	② 바른 보행	건강심득 4조
8. 집중(集中)	③ 바른 호흡	건강심득 7조
9. 양복은 자기 손으로 구입	④ 규칙적인 식사	건강심득 1, 2조
10. 체중, 체온, 혈압을 잰다.	⑤ 알맞은 운동	건강심득 6, 10조(?)
	⑥ 즐거운 독서	건강심득 8조(?)

제15조
기초주의법

나의 귀중한 체험의 하나가 현역 수영선수 생활 만 10년(1938-1948)이었듯이, 또 하나의 귀중한 체험은 「가정교사 생활」 만 10년(1942-1952)이었다. 이때 내가 맡은 학생에게 언제나 가르친 것은, '어떻게 공부하느냐'는 '학습방법'에 관한 것이었다. 즉 예습과 복습하는 요령을 가르쳐 주었다. 또 장래에 대한 큰 안목을 지녀야 한다는 것도 일러 주었다. 이는 지금도 변치 않는 생각이다. 따라서 내가 담당했던 초등학교와 중고등학교 학생들에게도 학년 초, 학기 초, 처음 들어간 학급에서 이와 비슷한 얘기를 짧게나마 가르쳐 주었다. 그만큼 「학습방법」에 대하여 제대로 아는 것이 매우 중요하다.

가정교사 얘기로 치면, 내가 처음 맡게 된 학생은 중3, 중2 형제였다. 당시 나는 중5에 해당하는 경성사범학교 보통과 5학년 때였다. 담임선생 소개로 맡게 되었는데, 중3 학생은 성적이 중간 정도였으나, 중2 학생은 성적이 학년 순위 251명 중 250등이었다. 그래서 나의 담임선생께서도 이런 성적인데도 맡아 줄 수 있겠느냐 하시기에 나는 맡겠다고 하였다. 그 까닭은 설사 내가 실패하였어도 그 학생이 내려갈 수 있는 등위는 한 자리, 즉 251등이 되는 것밖에 남지 않았기 때문이다. 이에 반하여 위로 올라갈 수 있는 등수는 200등 이상이나 있으니 해 볼 만하다는 생각이었다. 그 대신 나는 정말 성심껏 가르쳤다. 중간고사 때 이미 100등 이상 올라가 본인도 기뻐했고, 그의 부모님도 좋아했다. 내가 처음 가르쳐 준 것은 예습, 복습을 철저히 하는 공부 방법이었다. 내가 맡았던 기간은 그리 길지 않았으나, 그 학생(중2)은 크게 자신감을 갖게 되어, 나 역시 더는 내가 없어도 해내리라 믿었다. 그 후 이어서 맡게 된 초등학교 5학년생, 또 이어서 그 동생까지 나는 그 집에 만 4년간이나 가정교사로 있었는데, 다 순조롭게 성장해 가정교사 생활을 제대로 한 셈이 되었다. 그들에게도 역시 사람 되는 길, 공부하는 방법을 가르쳐 준 것은 물론이다.

대학에서 한때 「학습지도법」 강의를 맡은 적이 있다. 1955년으로 기억하고 있다. 수강생은 서울대학교 사범대학 교육학과 10회 졸업생이다. 그중 가장 열심히 수강한 학생은 김영식 박사(전 문교부장관)이다. 왜 그렇게 기억에 남는가 하면, 첫째 그가 교실에 앉는 자리가 일정했다. 교실 남쪽 맨 앞의 책상이었다. 입구는 북쪽이었다. 또 하나 90분 연속 강의였기에 중간에 잠깐 쉬고 했는데, 그 쉬는 시간에 가서 얘기도 나누게 되고, 또 노트를 보니 내가 우리말로 강의한 것을 모두 영어로 노트하고 있어 매우 인상적이었다. 졸업 후 미국 유학, 박사학위를 취득하고 와서 모교인 서울사대 교육학과 교수로서, 나와는 친밀한 동료가 되기도 하였다.

얘기가 너무 길어진 것 같은데, 요점은 이와 같은 나의 실제 체험과 이론 연구의 성과를 딛고 안출(案出)한 것이 「기초주의법」이라는 것이다. 이 기초주의법에 관한 기념할 만한 논문은 "기초주의법 서설"(『사대논총』 제39집, 서울대학교 사범대학, 1989)이다. 전부터 생각하고 어느 정도 주장했던 것을 정식 논문으로 공표한 성과라 하겠다.

그 후 일반인도 쉽게 접할 수 있게 하겠다는 생각에서 수록해 둔 저서가 『한국현대교육철학 -기초주의의 탄생과 성장-』(하우, 1996, 457-486쪽)이다. 이제 여기서는 가장 간략하게 「기초주의법」에 대하여 쓴 글을 옮겨 보기로 하겠다(출전:『기초주의 교육적 나침반』, 기초주의연구원, 2001).

1. 1핵: 기초에의 주력

기초주의에서는 학습지도법의 1핵 사상으로 '기초에의 주력'을 강조한다. 모든 것에 기초가 있다는 기초주의 교육적 존재론의 입장에서 볼 때, 우리가 무엇을 가르치고 배우는 것은 '진리' 즉 '기초'와의 관계에 시종(始終)할 수밖에 없다. 이것을 가리켜 '기초에의 주력'이라고 했다.

그리고 나는 "힘을 뺀다는 것은 힘을 들이는 것이다."라는, 언뜻 듣기에 역설적인 말을 일러주고 있다. 이는 나 자신이 수영선수 생활 만 10년간을 통하여 터득한 사실이기도 하거니와, 수영만이 아니라 모든 운동 종목에 해당하는 말이다. 그뿐만 아니라 운동 종목은 물론이요, 인간 학습의 모든 종목, 분야에 통용되는 금언(金言)이기도 하다. 각계각층에 있어서 최고 대가라고 일컬어지는 사람을 보면 표면상 하나도 힘을 들이지 않고 있는 것 같은데, 실은 그가 하는 일에 있어 '제대로' 힘을 들이고 있음을 알 수가 있다. 권투선수 무하마드 알리의 전성기 시합을 보면, 그가 말했듯이 "나비처럼 날아 벌처럼 쏘는" 펀치를 날려 상대방을 녹아웃시키는 장면을 볼 수 있었다.

또 "힘의 사용은 극에서 극까지"라는 말을 해 둔다. 힘은 사용할수록 늘어나는 법이다. 지옥훈련의 결과 바르셀로나 올림픽 마라톤에서 우승한 황영조 선수는 이 말의 산증인이라 하겠다.

2. 3차원: 탐구·각성·실현

「기초주의법」인 기초주의 학습지도법의 3차원을 배운다고 할 때는, 첫째로 선인들의 업적에 고개 숙여 그로부터 크게 배워야만 한다. 이를 가리켜 '탐구'라 한 것이다. 여기에 고전연구의 의미가 있다. 둘째는 '각성'이다. 단순히 선인들의 업적을 섭렵하는 것만으로는 부족하다. 선인들의 가르침을 몇 번이고 되씹어서 그 깊은 뜻에 크게 깨닫도록 해야만 한다. 이것이 '각성'이다. 셋째는 '실현'이다. 탐구와 각성에 끝나지 않고, 그 '진리'를 몸소 실천궁행(實踐躬行) 하는 것이 중요하다. 이때 비로소 우리가 무엇을 하나 배웠다는 것이 구체화된다.

3. 6단계: 여섯 가지 단계

「기초주의법」의 여섯 가지 단계는 목적·계획·수집·이회(理會)·발표·평가이다.

1) 목적: 우리가 무엇을 '배운다'고 할 때 우선 무엇보다도 크게 요청되는 것은 무엇 때문에 그것을 배우려고 하는가, 즉 '까닭'을 아는 일이다. 이것을 가리켜 기초주의법의 여섯 가지 단계 중 첫째 단계로 '목적'이라 해 보았다.

2) 계획: 기초주의법의 두 번째 단계는 '계획'이다. 계획은 교사와 학생 양측에서 모두 이루어지며, 결과적으로 한 학급 단위로서의 계획이 서게 될 것이다.

3) 수집: 기초주의법의 세 번째 단계는 '수집'이다. 우리가 어떤 주제나 단원에 대하여 바르게 알기 위해 그에 앞서는 단계로서 관련 자료를 광범하게 '수집'하는 일이다. 수집 방법에는 여러 가지가 있다.

4) 이회: 기초주의법의 네 번째 단계는 '이회'이다. '이회'란 '이치회득(理致會得)'을 줄인 말이다. 뜻을 알게 될 뿐만 아니라 그것이 몸에 익어 정말 자기의 것이 되도록 한다는 뜻이다. 핵심적인 본질 이해가 된 상태라는 뜻으로 '이회'라고 해 본 것이다. 그만큼 바로 알게 되어 살이 되고 뼈가 되어야 한다는 것이다. '이회' 단계에서 사용하는 학습

지도방법은 기왕에 우리들이 개발해 놓은 모든 것이 사용케 된다.

5) 발표: 기초주의법의 다섯 번째 단계는 '발표'이다. 이 발표 양식에는 구두 발표를 비롯하여 문서화해서 '보고서'로 제출하는 일, 그리고 '실연(實演)'해 보이는 일 등 여러 가지가 있다.

6) 평가: 기초주의법의 여섯 번째 단계는 '평가'이다. 평가 양식에는 학생 자신들에 의한 평가와 교사에 의한 평가가 있다. 평가는 한 주제, 또는 한 단원이 끝날 때마다 행하는 것이 좋다. 그 까닭은 평가 자체가 지니는 교육적 의미와 교육적 효과 때문이다. 사실 우리는 평가를 통하여 그간에 학습한 내용에 대한 교육적 반성을 거듭하게 된다. 또 기회가 있을 때마다 교사는 '평생평가'의 의미를 일러 주는 것이 좋으리라고 본다.

이러한 「기초주의법」의 1·3·6이라는 틀을 가지고 나는 다음의 두 가지, 즉 「한국적 교육방법관 분석」과 「기초주의에서 본 어린이 학습지도」에 관한 표를 만들어 보았다.

<표 7> 한국적 교육방법관 신석(新釋)

1핵	3차원	6단계
성(誠)	I. 입지(立志)	1. 문학(問學) - 사사(事師)
		2. 정찰(精察) - 택우(擇友)
	II. 명지(明知)	3. 사변(思辨) - 독서(讀書)
		4. 명각(明覺) - 독경(篤敬)
	III. 역행(力行)	5. 연마(研磨) - 처세(處世)
		6. 도통(道通) - 신언(愼言)

<표 7>을 만드는데 있어 크게 참고로 한 것은 율곡(栗谷) 이이와 성호(星湖) 이익의 견해였고, 6단계의 경우는 성호사상과 함께 다분히 나의 「한국교육사적 이해」라는 주관성이 강하게 개입되었다. 율곡과 성호에 관해서 쓴 나의 논문은 다음과 같다.

   * "율곡 이이의 교육이념", 『교육학연구』 XII-2, 한국교육학회,
     1974.
   * 성호 이익에 있어서의 인간평등관과 교육방법론", 『교육학연구』
     XIV-2, 한국교육학회, 1976.

'1핵 3차원'에 표시된 '성(誠)'(=1핵)과 '입지·명지·역행'(=3차원)
은 전적으로 율곡사상을 토대로 한 것이다. 율곡은 '성'을 무엇보다도
강조하였으며, 그가 쓴 『격몽요결(擊蒙要訣)』이나 『학교모범(學校模範)』
을 보아도 입지와 명지, 역행이 강조되어 있다. 다음은 '6단계' 부분인
데, 먼저 앞의 단어를 약간 설명해 보면 다음과 같다.

 1) 문학(問學): 묻고 배우는 것인데, 제대로 '묻는' 것을 제대로 배우
는 첫 단계로 보았기 때문이다. 사람이 어렸을 때 부모를 귀찮게 할
정도로 '왜?'라는 질문을 많이 던지는 것을 보면, 지적 호기심이 의문
문의 형태로 나타나고 있음을 알 수 있다.

 2) 정찰(精察): 글자 그대로 정밀하게, 자세하게 살펴보는 일이 중요
하다는 것이다. 『대학』의 8강령은 수신제가(修身齊家) 치국평천하(治國
平天下)로 끝나지만, 그러기 위한 가장 첫 번째 단계는 격물치지(格物
致知), 즉 사물을 잘 관찰하는 데서 시작한다.

 3) 사변(思辨): 깊이 생각하고 따져 보아야 한다는 것이다. 외우라고
해서 그저 외우는 것이 아니듯이, 배울 때에는 반드시 깊이 생각해 보
고 그 까닭(혹은 이치)을 따질 줄 알아야 한다.

 4) 명각(明覺): 밝게 깨달아야 한다는 것이다. 이것은 안다는 일이
어떤 것인가를 일러 준 말이다. 또렷이 이치를 깨달아야만 한다. 퇴계
이황의 『성학십도(聖學十圖)』에 나오는 공부법을 보면, 박학(博學=널
리 배우고), 심문(審問=깊이 묻고), 명변(明辯=명확하게 판단하고), 신
사(愼辭=신중하게 말하고), 독행(篤行=독실하게 실천함)의 5단계를 밟

고 있는데, '명변'은 사변과 명각을 합쳐놓은 것이라 할 수 있다.

5) 연마(硏磨): 갈고 닦는다는 뜻인데, 우리가 무엇을 배운다고 할 때, 그것을 수없이 되풀이하여 자기 것이 되도록 몸에 익어야 하니, '연마'가 필요하다.

6) 도통(道通): 완전히 통달함을 뜻한다. 옛날 우리나라 평가 용어로도 '도통'이라는 말을 사용해 왔다. 즉 성균관「학령(學令)」에 규정된 평가 방법에는 대통(大通)・통(通)・약통(約通)・조통(粗通)・불통(不通)이 그것인데, '대통'은 최고점인 반면 '불통'은 불합격이다.

한편 6단계의 뒤에 나오는 용어에 관해서는, 첫째로 '사사(事師)'는 배움에 있어 중요한 것이 먼저 훌륭한 스승을 잘 만나는 일임을 말한 것이요, 둘째 '택우(擇友)'란 제대로 된 친구를 사귀어야 한다는 것이다. 청소년기에는 특히 부모보다도 친구에게서 오는 영향이 더 크기에, 훌륭한 친구를 사귀는 것이 대단히 중요한 일이다. 셋째 '독서(讀書)', 이것은 율곡도 자세하게 설명한 바 있거니와, 우리가 무엇을 제대로 알기 위해서는 우선 책을 제대로 읽어야 한다. 독서를 통하여 밝게 아는 일도 가능해진다. 넷째 '독경(篤敬)'은 '공경하는 마음이 두터워야 한다'라는 뜻인데, 윗사람과의 관계만이 아니라 친구와 배우자, 후학에 대해서까지도 '경(敬)'하는 심정이 중요함을 말한다. 이것은 퇴계 이황이 가장 중요한 덕목으로 실천해 온 것이기도 하다. 즉 퇴계는 제자에 대해서도 정중하게 대하여 하대하지 않았다고 하니, 그의 인간형성의 핵사상이 '경'이었음을 여기서도 알게 한다. 다섯째 '처세(處世)', 이것은 율곡도 말한 바 있거니와 현대에도 제대로 배운 사람이라고 한다면 처신을 바르게 해야 함은 물론이다. 마지막으로 '신언(愼言)'인데, 이 역시 율곡의 가르침 가운데 잘 나타나 있다. 우리가 말에 대하여 삼갈 줄 모르면 실언하게 되고 크게 화를 불러오게 마련이다. 말을 신중히 하는 것이 배운 사람의 참모습일 것이다.

이상 고인(古人)들의 표현을 빌어, 내 생각을 '신석'이라 하여 하나
의 표로 만들어 본 것이다. 다음의 <표 8>은 위의 <표 7>의 용어를
현대적 감각으로 풀어 놓은 것이므로, 어떤 의미에서는 거의 설명이
없어도 이해할 수 있으리라고 본다. 그래도 몇 마디 붙인다면, 1핵의
'참하게'란 성실할 성(誠)이라는 글자가 보여주듯이, 말씀 언(言) 변에
이룰 성(成)으로 구성되어, 자신이 말한 것을 이루는 자세를 뜻한다.
또한 3차원에 적어 놓은 지지(知之)-호지(好之)-락지(樂之)는 『논어』에
나오는 지지자불여호지자(知之者不如好之者), 호지자불여락지자(好之者
不如樂之者)라는 말에서 온 것인데, 어떤 것을 아는 것은 그것을 좋아
하는 것만 못하고, 어떤 것을 좋아하는 것은 그것을 즐기는 것만 못하
다는 의미이다. 어떤 것을 좋아하면 머릿속에 항상 그것이 맴돌고 더
알고 싶어지는데, 정작 어떤 일을 하는 데는 즐기면서 하는 것만큼 좋
은 것이 없다. 세계적인 운동선수들이나 위대한 사람들의 특징은 자
신이 하는 일을 매우 즐긴다는 것이다. 바로 이러한 낙지(樂之)의 상태
를 말하는 것이라 할 수 있다.

이렇게 보면 6단계에 나오는 학습방법으로 문답학습이나 관찰학습
은 무엇을 알기 위한 공부의 시작이며, 토론학습이나 자발학습은 학
습에 대한 흥미를 갖게 된 단계에서의 공부방법이다. 그리고 노작학
습이나 유희학습은 배움을 즐기는 상태를 말하는 것이니 공부의 즐거
움을 몸으로 직접 느끼고 체험하며 완전히 통달하는 단계를 향해 나
아가는 것이라 할 수 있다. 물론 배움에 끝은 없으니 완전히 통달한다
는 도통(道通)의 단계는 그것을 이루었다는 결과이기보다 어떤 것을
이루기 위해서 끝없이 노력한다는 과정의 의미로 보아야 할 것이다.
『대학』의 3강령 중 지어지선(止於至善)을 "지극한 경지에 이르러 그친
다."라고 하기보다는 "지극한 경지에 이르기까지 그치지 아니한다."라
고 해석해야 하는 것처럼, 즐기면서 배워가는 끝없는 자세를 강조하
는 것이라 할 수 있다.

<표 8> 기초주의에서 본 어린이의 학습지도법

1핵	3차원		6단계
참하게	I. 알아보고 - 지지(知之)		1. 묻고 배우며 - 문답학습
			2. 자세하게 살피며 - 관찰학습
	II. 생각하고 - 호지(好之)		3. 생각하고 분간하며 - 토론학습
			4. 밝게 깨달으며 - 자발학습
	III. 해 본다 - 락지(樂之)		5. 갈고 닦으며 - 노작학습
			6. 완전히 통달한다 - 유희학습

내 생각으로는 어린이라 하여도 '교육학'에 대한 내용을 일찍부터 알려줄수록 인간형성에 크게 도움이 되리라고 본다. 이를테면 내가 쓴 『기초주의교육학』(학지사, 1999; 한국학술정보[주], 2002)을 참고로 풀어서 얘기해 준다면 상당히 도움이 되지 않을까 한다. 더욱이 학습지도법에 이르러서는 그것이 크게 도움이 되리라고 생각하는데, 오늘날 광풍같이 유행이 되어 버린 '학원 다니기'도 시정할 수 있지 않을까 한다. 오늘날 학원에 다니는 학생들의 태반은 학교에서 배운 것조차 스스로 소화하지 못한 채 또 학원에서 배우니 결국 '소화불량' 상태가 되는 것은 아닐까. 나는 이를 크게 우려하며 「기초주의법」으로 시정해야 한다고 본다.

제16조
힘의 사용은
극에서부터 극에까지

"힘의 샘물은 퍼낼수록 더 고인다." 이것이 내가 수영선수 생활 만 10년간의 체험을 통하여 얻은 교훈이다. '힘은 쓸수록 는다.'라고 하지 않는가? 나는 1988년에 모 중학교(예술계) 3학년 학생을 대상으로 강연한 적이 있다. 그 강연 내용 중 하나로 다음과 같이 '힘의 사용은 극에서 극에까지'를 나의 체험을 통해 얘기해 준 적이 있다.

나의 저서인 『교육의 세기』(양서원, 1989: 43-44; 개정판은 한국학술정보[주], 2004: 50-52)에 수록해 두었다. 그대로 옮겨 보면 다음과 같다.

셋째, 힘의 사용은 극(極)에서부터 극에까지. 나는 너무 힘이 없어서 쓰러지지도 못하고 우두커니 서 있었던 체험을 가지고 있습니다. 이것 역시 수영 연습이 끝나고 풀장에서 약 100미터 걸어갔을 때 일입니다. 결국 나의 동기생인 지금 서울대학교 사범대학 생물교육과 교수인 이웅직 박사가 지나가다가 나를 발견하고, 이유를 묻고 난 후, 그 옆에 있는 매점에 함께 가서 찹쌀떡 몇 개를 먹고 나서 겨우 정상적 보행을 할 수 있어 집으로 돌아갔던 적이 있습니다. 이 얘기를 언젠가 집에서 하니까 우리 집 애들이 하는 말이 "힘이 없으면 쓰러질 일이지 우두커니 서 있었다는 것은 납득이 안 간다"는 반론(反論)이 있었습니다. 그래서 나는 이 말에 응수하기를 "얼마나 힘이 없으면 쓰러질 힘조차 없었겠는가 말이야."라고 하여, 힘이 하나도 남아 있지 않았다는 설명에 열을 올린 적도 있습니다.

분명히 그 당시 나는 힘이 있는 한 이를 다 소모시켜 가면서 수영 연습에 전력을 다하였습니다. 그런데 이상하게도 다음 날 아침에는 마치 샘에 맑은 물이 다시 채워지듯이 또 다시 새 힘이 솟아나는 것을 느꼈던 것입니다. 힘이란 쓸수록 는다는 것을 직접 체험한 것인데, 이는 힘을 아끼고 남기는 것은 보다 큰 힘을 솟아나게 하는데 도리어 장애가 된다는 말도 될 것입니다.

이렇듯 힘의 사용은 극에서부터 극에까지, 이리하여 새로운 힘이 계속 생겨난다는 얘기입니다. 그리고 보니 피겨 선수라든가 무용가들을 보면, 근육만 하여도 인간의 극한까지를 구사하는 것이 역력히 보입니다. 이것을 해내지 못하는 경우에는 예술성(藝術性) 또한 그만큼 못하다는 것을 알게 됩니다.

몰입(沒入)하는 경지, 그것은 직업의 여하, 전공의 여하, 분야의 여하를 가릴 것 없이 '있는 힘을 다하고 있는 것인데', 보는 사람으로 하여금 숙연하게 만들고, 그러한 사람들은 누구나 한결같이 항상 새로운 경지를 창출(創出)하고 있음을 우리는 알 수 있습니다.

힘을 아끼고 덜 쓰는 것이 결코 힘을 기르는 길이 되지 못하고 결과적으로 현명한 길도 아님을 우리는 알게 되는 것입니다. 그러므로 여러분들은 무슨 일을 할 때에, 힘을 아끼지 말고 있는 힘을 다할 때까지 써보시기 바랍니다. 이것은 호흡의 이치로도 알 수 있습니다. 폐에 있는 공기를 최후의 한 방울까지 모두 밖으로 내보내고 입을 크게 열 때, 새로운 맑은 공기가 삽시간에 폐 안으로 들어오는 것을 느끼게 될 것입니다. 속을 비운다는 것은 가득 채우는 결과를 가져오게 되는 것입니다.

이 강연의 주제는 "위대한 꿈과 기초의 발견 - 중3 학생들에게 주는 말[6]"로 되어 있다(양서원, 1989: 31-48; 한국학술정보[주], 2004: 37-56). 크게 세 가지 대목을 언급하였는데, (1) 인생에 있어서 고교 시절의 의미, (2) 위대한 꿈을 지니시오, (3) 기초의 발견 등이었다.

---

6) [편집자주] 원서에는 고3으로 되어 있으나, 실은 선화예술학교의 중3 졸업대상자들을 대상으로 한 특강이었기에 바로잡음.

여기서 언급한 '힘의 사용은 극에서부터 극에까지'는 (3) 기초의 발견에서 든 내용으로 ① '힘들일 곳은 한 곳이다', ② '힘을 뺀다는 것은 힘을 들인다는 것이다'에 이어 ③에 해당하는 사항이었다. 그리고 원문에는 ④ '학습하는 방법의 학습에 관하여'로 이어지게 된다.

제17조
범사에 감사하라

이 말은 성경에 나오는 말이지만, 나는 잠시 이 말의 출전을 떠나서 나 나름의 소회를 몇 마디 적어 놓고자 한다. 즉 특정 종교에서 말하는 범위를 넘어서 하는 얘기가 되겠다. 여러 해 전에 나는 '이 세상을 떠나게 될 때, 최후로 하는 한 마디는 무엇일까?' 하고 생각해 본 적이 있다. 그때 즉각 머리에 떠오른 말이 "감사합니다.", "고맙습니다."라는 '감사(感謝)'의 두 글자였다. 그러면서 동시에 생각한 것이, 정말 임종(臨終)이라는 긴박한 상황 속에서 이 '한 마디'를 제대로 할 수 있을까 하는 의문이었다. 겪어 보지 않고서는 말할 수 없겠으나 아무래도 그렇게 뜻대로 되지 않을 것만 같았다. 왜냐하면 임종할 때면 신체적으로 노쇠하여 숨도 제대로 못 쉴 것이고 심하면 의식불명 상태일 것이니, 미리 준비해도 아무 말도 남기지 못한 채 떠날 것 같다. 그래서 아예 여기에 써두기로 한다. 또 나는 별도로 공개적으로 나의 '유언(遺言)'을 밝힌 것이 있다.

이것은 1999년 가을, 한국교육학회 추계연차 학술연구발표대회에서 행한 나의 논문 "21세기 한국의 교육학 - 대안으로서의 기초주의 교육학"에 나오는 말이다. 「기초주의」를 설명하는 가운데 하나의 여세로써 적어 놓은 '유언'이다. 이 글은 나의 저서 『21세기 한국의 교육학』(<한기언교육학전집> 제16권, 한국학술정보[주], 2001, 14쪽)에 수록되어 있다.

기초주의를 가리켜 '메아리 없는 황야의 부르짖음'이라고 안타까운 심정에서 논평해 준 나의 사랑하는 제자 한 사람 생각이 난다. 고마운 논평이다. 그래도 나는 오늘도 쉬지 않고 기초주의의 이론적 심화작업을 계속하고 있다. 기왕에 '나의 심정고백'이고 보니, 용기를 내어 하나 더 적어 두기로 하겠다.

유언

교육은 영원한 인류의 생명력이다.

기초의 무시는 화근이요, 기초의 중시는 행복의 원천이다.

만사는 기초주의(基礎主義)로 할 것.
기초로부터 새로운 기초에까지

육체는 후손(後孫)에 의하여 이어지고,[7]
사상은 후학(後學)에 의하여 이어진다.

1998년 중추
한기언(韓基彦)

'감사'하다는 얘기로 하면 나에게는 수많은 고마운 분들이 있었다. 그러기에 그저 고마울 뿐이다. 다만 여기서는 그중에서도 꼭 '한 분'으로 집약한다면, 나의 외증조모님을 꼽아야 할 것 같다. 만 6세 때 어머니를 잃은 어린 나를 82세로 세상을 떠나실 때까지(내가 초등학교 4학년 초까지) 키워주시고 가르쳐 주신 고마운 분이시다. 그래서 나의 교육학적 자서전인 『두 손을 비워 두어라』(<한기언교육학전집> 제51권, 한국학술정보[주], 2006: 69-71)에서 나는 다음과 같이 회상하였다.

---

7) [편집자주] 『21세기 한국의 교육학』(2001)에는 '후손'이 아니라 '자손'으로 되어 있었으나, 본 원고에는 '후손'이라 적어 놓았기에 수정함.

5. 외증조모님의 가르침

보통학교 4학년이 된 직후까지 나의 유소년시절에 가장 큰 영향을 주신 분은 외증조모(外曾祖母)님이시다. 4월 4일 밤 82세로 주무시듯 평화로운 표정으로 이 세상을 떠나셨다. 임종을 지켜본 것은 나 혼자였다. 마침 저녁을 다 치우고 나서, 좀 누워있겠다고 하신다. 그런 줄 알았는데 갑자기 입에서 거품을 내뿜으시는 것 같아 나는 어두워진 거리를 마구 뛰어 평소에 잘 가던 병원에 의사 선생님을 모시러 갔다.

의사 선생님을 모시고 집으로 돌아왔을 때는 이미 임종하신 뒤였다. 평화로운 표정으로 주무시듯이 옆으로 누워계셨다. 다음 날은 식목일인 5일이었다. 나는 이날 난생처음으로 결석을 하였다. 나는 그 후로 홍수로 학교를 못 간 것 이외에는 결석을 한 적이 없다. 개근(皆勤)이었다. 그 후 경성사범학교에서도 군대에 가기 전날까지 학교에 나갔다. 개근이었다. 그러한 나에게 있어 외증조모님의 기일(忌日)은 잊을 수가 없다. 외증조모님의 가르침은 모두가 인상적이었고, 나에게 있어 결정적인 의미를 가진 것들이었다.

첫째, 공부하는 사람의 기본자세를 가르쳐 주셨다. 외삼촌의 경우나 박상인 교수(이화여대 전 가정대학장)의 아버님의 경우를 들어, 아무리 돈이 있는 집안이라도 학생 시절에는 바지 궁둥이를 재봉틀로 기워입는 것이 자랑이 되면 되지 결코 수치스러운 것이 아니라고 하셨다. 그러니 학생은 어디까지나 공부만 생각해야지 옷 잘 입는 데 신경을 써서는 안 된다는 것이었다. 사춘기에 접어든 막내 아들 석진(碩震)이가 가끔 나는 옷이 없으니 좀 사달라고 할 때마다 나는 학생은 결코 옷에 신경을 쓰면 못 쓴다고 타이른다. 그럴 때마다 이 얘기는 외증조모님의 가르침을 내가 우리 막내에게 되풀이하고 있구나 하는 생각이 드는 것이었다.

둘째, 성적물(成績物) 일체를 깨끗이 다루고 그 모든 것을 순서대로 보관케 하셨다. 성적표, 상장, 공책, 교과서, 습자나 도화(圖畵) 작품, 이 모든 것들은 보통학교, 경성사범학교 시절에 이르기까지의 것을 6.25 당시까지 마포집에 잘 보관하고 있었다.

9.28 서울 수복 후, 이 모든 것이 거의 불쏘시개로 타버리고 없어졌을 때, 비록 계모가 하신 일이라고는 하지만 나는 말을 이을 수

가 없었다. 루즈벨트 대통령 기념도서관에는 네 살 때 처음으로 아주머니한테 써 보낸 글씨가 지금도 보관되어 있는 것과 얼마나 거리가 있는 처사인지 모른다.

여름이나 겨울 방학책은 그때마다 한지(韓紙)로 책 껍질을 해 주셨고, 다리미질을 해 반듯하게 보이게 하셨다. 나도 되도록 깨끗하게 쓰느라 노력하였다. 다시 학교가 시작되어갈 때에 한지 커버를 벗기고 때 하나 묻지 않은 표지의 방학책을 다른 과제물과 함께 선생님께 제출하곤 하였다. 외증조모님이 돌아가신 후에도 나는 이런 방식을 계속 유지하여 방학책은 늘 깨끗했다.

우스운 얘기 하나를 적어 보고자 한다. 나는 학년말이 되면 으레 담임선생님으로부터 일학년부터 줄곧 한 아름씩 우등상장, 상품인 교과서 전부, 개근상, 그리고 상품으로 많은 공책을 받곤 하였다. 이것이 우등상이요 개근상이었던 모양인데, 그것은 으레 나에게 주기로 아버지와 학교 사이에 약속이 되어 있는 줄로 알았다. 1학년 때 그렇게 많이 받았다. 2학년 때도 그렇고, 3학년 때 역시 그렇게 많이 받고 집으로 오면서, 더욱 이것을 믿게 되었던 것이다. 이 얼마나 우스운 일이겠는가? 어린이 같은 생각이었음이 틀림없다.

셋째, 엄마를 어려서 잃은 나에 대한 외증조모님의 사랑은 너무도 컸다. 나는 어린 마음에도 외증조모님의 유다른 사랑을 감지하고 있었다. 더욱이 외증조모님의 위치가 집안에서 가장 높았고, 그 말씀 한마디가 모든 것을 좌우한다는 것을 알았다. 그러기에 외할머니도 그렇고 누상동(樓上洞)의 한지우(韓智愚: 수재였으나 일찍 세상을 떠나셨음) 삼촌과 고모님과 함께 사시던 할머니도 달리 힘을 쓸 수 없다는 것을 알았다. 외증조모님은 돌아가신 우리 어머니 대신으로 몇 곱절 나를 감싸주시고 사랑해 주셨다. 외증조모님이 살아계시는 여러 해동안 아버님께서 재취하지 않으신 까닭도 알 수 있을 것 같다. 외증조모님이 건재하시는 동안에는 감히 주변에서 재혼 얘기를 꺼내거나 거들 수도 없었던 것이 아닌가 하는 생각이 든다. 나는 외증조모님의 사랑의 힘으로, 또 그 사랑의 그늘 아래 보호받으며 자라난 셈이었다.

가끔 내가 외증조모님께 잘못한 일이 생각난다. 그것은 외증조모님이 세상을 떠나시기 전날, 우리 셋집에 개 한 마리가 들어와 이

것을 키우려고 하였는데, 학교에서 돌아와 보니 밥도 안 주고 내쫓
아 버리셨다는 것이다. 어찌나 할머니가 미웠는지 모른다. 그래서
돌아가신 날도 아침부터 할머니께는 좀 투정을 하면서 대하였다.
그랬는데 저녁때 식사를 마치신 후 잠드시듯 고요하게 미소까지 지
으신 표정으로 이 세상을 하직하신 것이다. 어리고 어린 외증손주
의 투정, 정말 나는 외증조모님께 미안한 일을 한 어린 손자였다.

만 84세가 된 지금의 내가 있게 해주신 분은 외증조모님을 비롯해
서 지금까지 마치 릴레이하듯이 누군가가 나를 도와주어 왔음을 솔직
히 피력해 둔다. 그 한 분 한 분께 감사하는 글을 쓰기로 한다면, 족
히 책 한 권이 되리라 믿는다. 이리하여 지금은 4남 1녀인 나의 자녀
들이 나를 보호하여 노후를 아무 근심 걱정없이 지내고 있다. 더욱이
직접 우리 두 노부부와 함께 살면서 조석으로 돌보아 주고 있는 딸
내외에게도 감사한다. 고명딸 명원(明媛)이는 정식으로 노인 간호조무
사 면허증까지 따서, 죽을 때 잘 돌봐 드리겠다고 하니 "감사하다."라
는 말이 절로 나온다. 사위 역시 뜸사랑에서 정식으로 침술 교육을 받
고, 매주 화요일마다 침과 뜸을 떠 주어 우리 노부부의 건강을 돌봐주
고 있다. 외손녀, 외손자 역시 우리 노부부와 함께 지내는 것이 더 좋
다고 하니, 이 모두가 '감사한 일'이다.

정말 세상 떠날 때는 "감사합니다."라고 못할는지 모르겠으나, 이렇
게 몇 번이고 감사하다는 말을 써놓아 대신할까 한다.

"감사합니다." "정말 감사합니다!"

제18조
네 시작은 미약하였으나
네 나중은 심히 창대하리라

　이 말은 기독교 『성경』에 나오는 말이지만 여기서는 나의 심경 토로가 되겠다. 즉 1992년 9월 3일에 창립한 「기초주의연구원」의 '원훈(院訓)'의 하나가 이 말이다. 「기초주의연구원」은 설립 당시에도 충분히 의식했듯이 이 세계에서 가장 '작고 작은' 연구원이다. 나는 이 말을 설립 직후 나고야대학(名古屋大学)을 방문하게 되었을 때, 나와 깊은 학문적 인연을 가지고 있는 우마코시 도루(馬越徹) 교수가 마련한 환영 만찬 석상에서 솔직히 말한 적이 있다. 그때 즉석에서 우마코시 교수는 양해해 줄 뿐만 아니라 자진해서 일본 지부장(支部長)을 맡겠노라 해서 더없이 기뻤던 생각이 난다. 이번에도 '기초주의 50주년 기념 논문집'인 『기초주의의 세계』에 축사를 보내왔으니, 그저 고맙기만 하다.

　「기초주의연구원」에 거창한 '연구원(研究院)'이란 이름을 붙인 까닭은 비록 시작은 작은 규모이지만, 점차 커질 때마다 명칭을 '연구실', '연구시설', '연구소'라고 하여 마침내 '연구원'으로 개명(改名)해가느니 사람도 일생 통용되는 이름을 붙이듯이 단번에 '연구원'이라 해 두었던 것이다. 그러므로 관례대로 하면 대단히 외람된 처사임이 틀림없겠으나 이대로 사용하기로 하였다. 또 당장은 이 명칭을 사용해서 어떤 부당한 이익을 취하려 함이 없이, 있는 듯 없는 듯이 조용히 자기 성장만 기약하고 있는 것이니, 사회적으로 해독은 전혀 없을 줄로 안다. 그러나 조용한 가운데 꾸준히 성장·발전시킬 생각이다.

이 경우 나의 머리에 떠오르는 것이 '우공이산(愚公移山)'의 고사(故事)다. 우공 앞에 태산이 가로막아 답답해하던 차에, 그는 태산을 파서 없앨 생각을 한다. 태산이 높다 하되, 대를 이어가면서 파 날라 버리면 될 것 아니냐는 생각에 놀라 하룻밤 사이에 태산이 다른 곳으로 옮겨가 버렸다는 얘기인데, 「기초주의연구원」 역시 시작은 보잘것없으나, 우선 규모를 정해 놓고, 대를 이어 가면서 연구 실적을 쌓아가면, 언젠가는 큰 연구원이 되리라는 생각에서의 출발이었다.

「기초주의연구원」의 설립은 1992년이지만, 「기초주의」 자체는 1957년(10월 10일) 탄생했으니, 「기초주의연구원」 역시 실질적으로는 올해(2009년)는 52주년이 되는 셈이다. 이리하여 2057년에는 「기초주의 100주년」 기념도 예상할 수 있을 것이다. 아무쪼록 「기초주의연구원」이 서두르지 말고, 그러나 착실하게 성장·발전하여 주기를 바란다.

이 경우 「기초주의연구원」의 자산(資産)으로는 나의 『한기언교육학전집』(전55권)을 꼽아도 좋을는지 모르겠다. 그 까닭은 적어도 「기초주의」에 관한 원전(原典) 제시가 이 가운데 있기 때문이라 하겠다. 이에 관해서는 지난 2007년 고려대학교 교육문제연구소(소장: 한용진 고려대 교수) 주최로 열렸던 국제학술대회 논문집인 『자생적 한국교육학: 기초주의의 세계』에 「부록: 제4장, 기초주의 이해의 길: 『한기언교육학전집』 단상기(斷想記)」(263-287쪽)가 있다.[8]

---

8) [편집자주] 참고로 원고에 수록된 저서명을 옮겨 보면 다음과 같다. 맨 앞의 아라비아 숫자는 원래 계획했던 권수 표시이며, 접화살표 뒤는 <한기언교육학전집>으로 현재 간행된 도서이다.

<한기언교육학전집> 목록 (계획 ⇒ 간행)

1. 『교육철학 및 교육사』 ⇒ 한기언교육학전집(이하 전집) 제1권
2. 『기초주의교육학』 ⇒ 전집 제2권
3. 『상황과 기초: 구상교육철학으로서의 기초주의』
4. 『한국현대교육철학 - 기초주의의 탄생과 성장』
5. 『한국인의 교육철학』
6. 『기초주의 - 한국교육철학의 정립』 ⇒ 전집 제6권
7. 『현대인과 기초주의 - 현대사회와 기초주의의 역할』
8. 『교육의 세기』 ⇒ 전집 제8권
9. 『한국사상과 교육』 ⇒ 전집 제9권
10. 『동양사상과 교육』
11. 『교육의 역사 철학적 기초 - 한국교육의 세계교육사교육철학적 좌표』
12. 『한국교육철학의 구조』
13. 『한국교육의 이념』 ⇒ 전집 제13권
14. 『한국교육이념의 연구』
15. 『교육관의 확립』 - 한국교육의 새로운 좌표
16. 『21세기 한국의 교육학』 ⇒ 전집 제16권
17. 『(대항해시대의 교육적 나침반) 교양으로서의 교육학 - 교육의
     세기와 기초주의』 ⇒ 전집 제17권
18. 『교육원리 I』
19. 『교육원리 II』
20. 『교육원리 III - 교육철학 개설』 ⇒ 전집 제20권(상), 20권(하)
21. 『교육학개론 I』 ⇒ 전집 제21권
22. 『교육학개론 II』
23. 『현대교육학의 이해 - 교육학개설』 ⇒ 전집 제23권
24. 『현대교육사조』 ⇒ 전집 제24권
25. 『행복한 생활을 위한 인간형성사 - 교육사』
26. 『교육사학 - 교육정신사서설』 ⇒ 전집 제26권
27. 『한국교육사』
28. (日譯本) 『韓國敎育史』
29. 『서양교육사』
30. 『한국교육사상사연구』 ⇒ 전집 제30권

31. 『한국교육의 민주적 전통』 ⇒ 전집 제31권
32. 『대학의 이념 - 대학의 전통과 개혁의 지표』 ⇒ 전집 제32권
33. 『서울대학교의 정신』 ⇒ 전집 제33권
34. 『교사의 철학』
35. 『교육학입문 - 교육방법』 ⇒ 전집 제35권
36. 『한국교육사상사』
37. 『사회생활과 교육』
38. 『초등학교 사회과교육』 ⇒ 전집 제38권
39. 『(번역본) 교육사상사』 ⇒ 전집 제39권
40. 『(번역본) 대학의 미래』 ⇒ 전집 제40권
41. 『(번역본) 교육철학』 ⇒ 전집 제41권
42. 『(번역본) 학문의 전당』 ⇒ 전집 제42권
43. 『(번역본) 화속동자훈(和俗童子訓)』 ⇒ 전집 제43권
44. 『(번역본) 현대아시아의 교육 - 그 전통과 혁신』 ⇒ 전집 제44권
45. 『(편저) 교육명저해제』 ⇒ 전집 제45권
46. 『(회갑기념논문집) 한국교육학의 탐색』
47. 『(정년기념논문집) 한국교육학의 성찰과 과제』
48. 『(고희기념논문집) 교육국가의 건설 - 교육의 세기와 기초주의』
    ⇒ 전집 제48권
49. 『(기초주의 40주년 기념논문집) 교육의 세기와 기초주의』
50. 『(청뢰 교육학적 자서전: 교육자의 길, 제1권) 사진으로 본 나의
    삶(인생항적)』 ⇒ 전집 제50권
51. 『(청뢰 교육학적 자서전: 교육자의 길, 제2권) 두 손을 비워 두어라』
    ⇒ 전집 제51권
52. 『(청뢰 교육학적 자서전: 교육자의 길, 제3권) 어깨의 힘을 빼고』(미간행)
53. 『(청뢰 수상기隨想記) 소리없는 소리』(미간행)
54. 전집 제54권 『미국일기』
55. 『히로시마일기 - 일본인의 교육 철학』(미간행) ⇒ 전집 제55권
    『나의 교육신조 25』
56. 전집 제56권 『도쿄일기』

「기초주의연구원」이 앞으로 할 일은 대단히 많다고 본다. 다만 나는 하나의 자료로서 『한기언교육학전집』을 남길 뿐이다. 즉 「기초주의연구원」에서는 어디까지나 '기초주의의 이론과 실천'에 힘쓰게 될 것이고, 마침내 국내와 국제사회에 건실한 공헌을 하게 되는 날이 오리라고 본다. "네 시작은 미약하였으나 네 나중은 심히 창대하리라."라고 하는 까닭이 바로 여기에 있다. 끝으로 「기초주의연구원 원훈」과 「기초주의연구원의 편성표」를 소개해 둔다.

기초주의연구원 원훈(院訓)

* 구슬이 서말이라도 꿰어야 보배란다. (밝은 눈)
* 네 시작은 미약하였으나 네 나중은 심히 창대하리라. (찬 머리)
* 믿음은 바라는 것들의 실상이요, 보지 못하는 것들의 증거니라.
（뜨거운 가슴)

<표 9> 「기초주의연구원」 편성표

제19조

믿음은 바라는 것들의 실상이요,
보지 못하는 것들의 증거니라

이 문장도 기독교『성경』에 나오는 말이지만, 여기서는 다만 나의 개인적 소회를 몇 마디 적어 두기로 한다. 이 역시 앞 장에서 살펴본 바와 같이 「기초주의연구원」의 원훈(院訓)의 하나이고, '뜨거운 가슴'과 대응시키고 있다.

나에게 있어 목숨을 걸 수 있는 '믿음'이란 무엇일까? 「기초주의」이다. '순교(殉敎)'라는 말은 믿음을 지키기 위해서는 기꺼이 목숨을 내놓는 경우이다. 나에게 있어서는 「기초주의」가 곧 믿음의 대상이요, '순교'가 가능한 것이 아니겠는가.

「기초주의」는 1957년(10월 10일) 명명(命名) 이래 '학문적 노천굴(露天掘)'을 해 오고 있다. 이 '학문적 노천굴'이라는 말을 처음 써 본 것은 나의 저서『기초주의』(1973)의 '머리말'에서였다. 학문적 광맥(鑛脈)을 제대로 찾았다는 기쁨에서 나온 말이고, 또한 밝은 나의 학문적 장래 전망에서 나온 말이었다.

이 '학문적 노천굴'에 대해서는 지금은 고인(故人)이 된 일본인 학자인 와타나베 마나부(渡辺学, 전 무사시노대학 교수, 한국교육사 전공) 교수가 나의 책『기초주의』를 받고 답장에서 "학문적 노천굴이라니?" 하는 뜻의 말을 비춘 것이 생각난다. 가냘픈 학맥 한 줄기 찾았다고 해도 대단한 것인데, 자기 학설인 「기초주의」는 '학문적 노천굴'이 가능한 것이라고 하였으니 놀란 게 아닌가 여겨졌었다. 그러나 내가 말한 '학문적 노천굴'이라는 표현은 결코 과장된 것이 아니다.

"기초주의의 제창 - 전통과 개혁의 조화를 통한 인간형성의 논리 서장"(1966)을 발표한 이래 2009년이 된 현재까지 나는 줄기차게 「기초주의」에 관한 논문과 저서를 내고 있지 않은가. 지금 쓰고 있는 이 글 역시 「나의 신조 25」라 하여 결국 '기초주의란 무엇인가'를 쓰고 있는 것이다.

"믿음은 바라는 것들의 실상이요."라고 하는데, 내가 절실히 바라던 것은 8·15와 함께 우리도 이를테면 듀이의 교육철학과 같은 '자생적 한국교육철학'을 가질 수 있으면 얼마나 좋을까 하였던 것이다. 이 간절한 소망이자, 마침내 나의 굳건한 믿음으로 내 앞에 탄생한 것이 곧 「기초주의(基礎主義, Kichojuii, Foundationism)」였다.

내가 바라던 '자생적 한국교육학', '한국교육학의 정립', 「기초주의」 역시 궁극적으로는 교육학의 '진리'요, '보편성'의 추구에 있었다. 그러기에 초기 저서인 『한국교육의 이념』(1968) 결장에도 다음과 같은 말을 기술해 놓았다(초판본, 187-188쪽).

> 끝으로 여섯째, 여기에 논술한 「한국교육의 이념 및 역사의식의 문제」는 인류문화와 교육이라는 관점에서 세계성(世界性)을 띨 수 있으리라는 것. 이 점에 대해서는 별로 뚜렷하게 본문에서 논급하지 않았다. 그러나 만일에 나의 논술이 지역적, 개별적 상황으로부터 출발하여 보편타당성(普遍妥當性)을 지닌 것이라면, 이러한 생각(3이념 6개념, 나아가 '기초주의' 교육철학)은 비단 한국교육계의 현실에 있어서만이 아니라, 욕심으로는 시공(時空)을 초월하여 타당할 것을 충심으로 바라게 되는 것이다. 그러나 이것은 오직 나의 생각을 보다 더 완벽한 것으로 '체계화(體系化)'할 때 바랄 수 있는 것임은 말할 나위도 없다. 그리고 본래 이 「기초주의교육철학」은 나의 생활신조로부터 나왔던 것이요, 그것이 인간형성의 논리로서의 기초주의교육철학으로 발전하고 있는 것이다. '교육'이라는 두 글자를 떼어내면 곧 「기초주의철학」으로까지 일반화(一般化)할 수

있는 것이 아닌가. 하지만 이것은 갓난아기에게 이름을 붙여놓고 성장 후의 세계를 점치는 것 같아서 독자 여러분에게는 대단히 듣기 거북한 일인 줄로 안다. 다만 스스로 기약하는 바라 너그럽게 받아들여 주기를 간청한다.

그러나 앞으로의 세계는 어느 시대보다도 '교육'이 중요시될 것이 예상된다. 전쟁이 없는 영구평화의 시대를 도래케 할 수 있는 유일한 길은 오직 편견 없는 사랑을 키우는 일이요, 그것은 곧 '교육의 힘'에 기대할 수밖에 없다는 것이 현대인이 도달한 하나의 확신이라 생각한다. 국제연합(UN)이나 유네스코 헌장에 나타난 정신이 바로 여기에 있으며, 10여 년간 「국제협동학교」 계획이라 하여 세계 각국에서 실험적이라고 하지만 진지하게 추진하고 있는 「국제이해교육」의 취지 또한 여기에 있다. 인류문화의 전달·계승을 위해서도 그렇거니와 새로운 세계문화의 건설을 위해서도 절대적 힘을 가진 것이 바로 '교육'인 것이다. 따라서 나는 이러한 인류의 자각이야말로 20세기 후반 이후 다가올 시대를 「교육의 세기(the Century of Education)」라고 불러야 할 것이 아닌가 한다. 「한국교육의 이념과 역사의식의 문제」(좀 더 확대시켜서 기초주의교육철학)를 이러한 전제하에서 생각해 보았다. (1968.1.5 記)

이 가운데서 '교육의 세기'에 관해서는 나의 논문인 "교육의 세기 - 한국교육학의 독창적 개성화와 세계교육학적 공헌"(『새교육』 258호, 대한교육연합회, 1976년 4월호)에서 밝힌 바 있다. 그리고 다시 나의 저서인 『교육학개론』(익문사, 1976)의 '머리말'에 수록해 두었다. 또 교육학의 특수성, 보편성 논쟁에서는 나의 논문인 "교육학의 보편성과 특수성의 문제 - 한국교육학 정초의 이론적 근거"(『새교육』 251호, 1975년 9월호, 12-16)에서 결국 '특수성'의 진리가 곧 '보편성'이 될 수 있는 까닭을 논증하였다.

이러한 생각에 대하여 나는 이미 1967년 가을 한국교육학회 연차 학술발표대회에서 밝힌 바 있고, 이를 다시 논문으로 쓴 것이 "교육학의 성격"(『사대학보』X-1, 서울대학교 사범대학, 1968)이다.

끝으로 기초주의 정립의 타당성을 밝힌 논문이라 할 수 있는 것이 "한국교육학 정립의 논리"(『정신문화연구』 제47호, 한국정신문화연구원, 1992)이다. 이 논문의 중요성에 비추어 보아, 결과적으로 두 번 나의 책에 수록되었다. 하나는 1996년에 나온 『한국현대교육철학 - 기초주의의 탄생과 성장』(도서출판 하우, 33-86쪽)이고, 또 하나는 『교양으로서의 교육학 - 교육의 세기와 기초주의』(한국학술정보[주], 2002, 25-73쪽)이다. 이 논문에서는 '한국교육학'이라는 명사를 일관되게 사용하고 있으나, 실은 「기초주의」를 달리 표현한 것이었음은 물론이다. 참고로 차례를 적어 보면 다음과 같다.

<한국교육학 정립의 논리>

I. 서언: 한국교육학 정립의 요청
II. 한국교육학 정립의 논리
III. 교육학연구의 학사적 교훈
IV. 한국교육학의 내포
V. 한국교육학의 외연
VI. 결언: 한국교육학 정립의 논리
참고문헌

이 목차만 보아도 정년 퇴임 이후(1992), 한국정신문화연구원의 연구실에서 정열에 불타가면서 이 논문을 썼던 느낌이 되살아나는 것만 같다.

「기초주의(基礎主義)」는 분명 "믿음은 바라는 것들의 실상이요, 보지 못하는 것들의 증거니라."이다. 1957년 가을, 미국무성 초청 교환교수로 미국 컬럼비아대학교 대학원 기숙사인 휘티어홀 307호실 나의 방에서 착상, 「기초주의(Kichojuii, Foundationism)」이라고 종이 위에 이 이름을 몇 번이고 적어 보았던 것이, "현행교육의 학적 기대 비판"(『교육평론』 1958년 8월호)에서 조심스럽게 「기초주의」의 신고식을 하고, 명명(命名) 후 만 9년이 지난 1966년에 "기초주의의 제창"에 관한 논문을 씀으로써 공인(公認)되기에 이르렀고, 그 후 계속 성장하고 있는 나의 교육이론이요, 교육철학이 바로 「기초주의」이다.

　감사하고, 또 감사한 일이다.

제20조
불가근불가원(不可近不可遠)

나의 신조인 이 말에 대하여 셋째 아들인 한용진(韓龍震: 현 고려대 교수, 기초주의연구원장) 박사가 "아버지 청뢰 한기언"(『교육의 세기와 기초주의』, 기초주의 40주년 기념논문집, 1997) 중 "XI. 아버지의 생활철학"(218-219쪽)에서 논급한 것이 생각나서 짧지만 옮겨 보기로 하겠다.

아버지의 취미는 책읽기와 글쓰기였다. 자나 깨나 오로지 한 가지 일에만 집중하셨기에 남들처럼 등산이나 바둑 등의 취미라 할 것도 없었고, 학교에서의 보직도 가급적 맡지 않으셨다. 또한 학회 활동을 제외하고는 거의 다른 사회활동도 하지 않으셨다. 다만 옛 학교 동창들과 가끔 술을 함께 하는 정도였다. 아버지의 성격적인 면도 작용하였겠지만, 사회적으로 혼란스러운 시대에는 '불가근불가원(不可近不可遠)'의 원칙을 지켜야 한다고 생각하셨기 때문으로 보인다. '불가근불가원'이란 어떤 권력이나 집단에 지나치게 가까이하지도 지나치게 멀리하지도 말라는 말씀이었다. 예를 들어 불은 생활에 유용한 것이지만 너무 가까이하면 옷을 태워 버리게 되고, 너무 멀리하면 추워진다는 것이다.

이것 아니면 저것만이 존재하는, 모든 사람이 친구 아니면 적으로 간주되는 냉전시대의 논리가 지배하는 시대를 살아오면서, 아버지의 이러한 '불가근불가원'의 생각은 가급적 세속적 힘의 원천인 정치적 이데올로기나 사소한 권력에 좌우되지 않는 독자적 자유를 구가하는 방법이기도 하였다. 21세기를 '교육의 세기'로 규정하신 아버지는 권력, 금력의 어느 쪽에도 가까이하지 않고 오직 교육에만 온 정열을 쏟으셨다. 앨빈 토플러가 말하는 권력이동처럼 다가오는 21세기는 지식·정보의 힘이 교육을 통해 이루어진다는 것을 예견하신 것일까?

확실히 내가 '불가근불가원'에 대하여 설명하려는 것보다 알기 쉽게 썼고, 또 내 속마음까지 꿰뚫어 본 얘기여서 저절로 감탄하게 된다. 내가 생각하기에도 돈과 명예와 권세는 '불가근불가원'의 원칙을 따라야 할 것으로 생각하는데, 용진이가 쓴 글에 '나의 돈에 대한 생각' 묘사가 있어(273-274쪽), 내친김에 이 장에서는 셋째 아들이 쓴 내용을 인용·소개하는 것으로 마칠까 한다.

돈에 대하여 아버지가 갖고 있는 생각은 항상 긍정적이었다. 서울대학교 교수의 월급이 그리 많은 것은 아니었기에 한때는 서울에 있는 유명 사립대학에서 모셔가려는 제의도 있었던 것으로 안다. 물론 일언지하에 거절하셨지만, 가정 경제를 책임지고 있는 어머니의 입장에서는 약간의 아쉬움이 남았던 것도 사실인 듯하다. 아마 당시 월급이 배 이상 차이가 났던 것 같은데, 아이들은 점점 커지고 그에 따른 다섯 남매의 등록금과 용돈은 국립대학 교수 월급만으로는 감당하기 어려웠을 것이다. 이럴 때 아버지는 가끔 "돈이란 쫓아갈 것이 아니라, 따라오게 하여야 한다."라고 말씀하시던 것도 어쩌면 열심히 연구하여 그 연구물이 책으로 나오면, 돈이 되어 돌아온다는 간단한 진리를 생각하고 계셨기 때문일 것이다.
물론 가정 경제를 잘 이끌어 가신 어머니의 공헌이 있었기에 아버지의 큰 소리도 가능했을지 모르겠지만, 이러한 영향을 받은 탓인지 나 역시 돈에 대하여는 문외한이 되어 버리고 말았다. 박사과정을 마치고 시간강사 생활을 하는 동안 집사람에게 아버지의 「돈의 철학」을 말해 주기도 하였는데, 별로 공감하는 것 같지는 않으면서도 반대하지는 않았다. 가정경제를 책임지고 있는 집사람은 공부하는 사람과 결혼할 때부터 이미 각오한 탓인지 더 이상 나에게 돈 이야기는 꺼내지도 않았으니 한편으로는 고맙고, 다른 한편으로는 미안하기도 하다.

이 책의 274쪽에서 그는 또 다음과 같은 얘기까지 언급하였기에 그 일부만 옮겨 보기로 하겠다.

> 하지만 돈과 관련되어 아버지의 보다 적극적인 생각은 '연구비 신청방식'에 있다. 아버지의 연구비 신청방식은 미리 연구하고 싶은 내용들을 충분히 연구하여 이미 끝내놓은 상태에서 연구비를 신청한다는 것이다. 이미 끝난 연구를 신청하는 것이니 목차도 짜임새 있을 것이고, 중간보고나 결과보고에 쫓길 이유도 없을 것이다. 그리하여 연구비를 받으면 그 연구비로 다음에 하고 싶은 연구를 또 진행하여 언제나 시간과 마음의 여유를 갖고 즐거운 마음으로 연구를 진행하셨다. 한 편만 미리 준비해 놓으면 그 다음은 언제나 여유 있게 앞서 나갈 수 있다는, 어찌 보면 대단히 간단한 사실임에도 불구하고 아직까지도 나는 이 방법을 제대로 따라 하지 못하고 있는 형편이다.

이렇게 나에 대해서 좋게만 써 주고 있어 과분한데, 그간 집사람 내조의 공이 컸고, 어쩌다 출판계약이 되어 받게 된 돈과 인세가 고비마다 도움이 되었음은 사실이다.

"돈은 너무 몰라도 안되고, 너무 알게 되어 돈에 눈이 멀어서도 안된다."라고 한 옛사람의 가르침이 머리에 떠오른다. 살아가는 데 나는 이 '불가근불가원'의 원칙이 소중하다는 생각을 늘 가지고 있다.

제21조
반(反)기대의 법칙

　우리가 살아가는 데 있어서 너무 지나치게 '기대부터 할 것'이 아니라, 오직 있는 정성을 다하여 그 일에 전력투구함이 옳다는 생각에서 나온 말이다. 기대하지 않고 있던 차에 찾아오는 '행운(幸運)', 거기서 맛보게 되는 '기쁨'은 훨씬 크게 느껴지기 때문이다.

　나는 1950년대 중반에 대학 강의 중 이 '반(反)기대의 법칙'을 얘기해 준 적이 있다. 그랬더니 사대신문인 「교우(敎友)」지에 만평 그림이 실렸는데, 고기를 낚는다는 것이 구두 하나가 대룡대룡 낚아지는 장면에 '반기대의 법칙'이라는 제목이 붙어 있었다. 그날 강의했던 내용은 별로 기억에 남지 않고, 내가 잠깐 삽화로 얘기해 준 '나의 생각'은 매우 인상적이었던 모양이다.

　'보상에 대한 기대는 적게, 대신 노력은 많이 하자.'라는 생각에서 하는 말이다. 처음부터 '기대'가 너무 크면, 그 기대대로 되지 않을 때 실망 또한 크다. 말할 나위도 없이 인지상정(人之常情)이라, 누구나 어떤 일을 도모하면 그에 따른 성과 또한 크게 이루어지기를 '기대'함은 물론이다. 그러나 노력은 부족하고 바라는 일의 '기대'만 크다면, 결코 그 기대만큼의 성과는 달성하기 어렵다. 그러므로 비록 꿈을 크게 꾸고 이를 달성하기 위하여 피나는 노력은 하지만 마음속으로 '기대'는 작게 하는 편이 실망하는 일도 없을 터이니, 그것이 좋을 거라는 뜻이다.

더욱이 그렇게 정성을 들이고 많은 노력을 했음에도 기대는 처음부터 하지 않고 있다가 결과적으로 '큰 성과'를 거둔 것으로 평가되어 때로 상을 받을 수도 있으니, '반기대의 법칙'에서 맛보는 '기쁨'이란 오히려 더 크게 된다.

요즘도 우리나라에서는 '노벨상' 수상을 목표로 한다는 기사가 종종 나오곤 하는데, 이것은 '기대'부터 앞세우고 있는 것이어서 듣기에도 민망하고 심히 거북하게 들린다. '노벨과학상'만 해도 그 수상 경로를 보면 어떤 과학자가 물리학이라든가, 생리의학, 화학 방면에 있어서 심지어는 수십 년 전에 완성·발표했던 연구 성과를 인정받아 어느 날 수상자로 발표되고, 수상하게 되기도 한다.

물론 과학자 자신은 마음속으로 자기도 노벨과학상을 타게 되면 좋겠다고 생각했을지도 모르겠으나, 상은 오히려 기대하지 않고 있는 상태에서 어느 날 사람들의 인정을 받아 수상하는 것이니, '반기대의 법칙'이 그대로 들어맞는 좋은 예라고 본다.

"기대는 적게, 노력은 많이." 이것이 '반기대의 법칙'에서 하고 싶은 말이요, 나의 신조이다.

제22조
까불지 말자

"부드러운 사람을 조심하라."라는 것이 나의 깨달음이요, 가르침이된 셈인데, 이 점에 대하여 역시 셋째 아들인 한용진 교수는 "아버지청뢰 한기언"에서 다음과 같이 기술하고 있다.

> "피부가 하얀 사람을 조심하라."라는 얘기 역시 같은 맥락의 얘기여서, 이 세상에는 자기보다 한 수 위인 사람이 얼마든지 있는법이니 함부로 "까불지 말자."는 것이다.

사실 나에게 있어 "피부가 하얀 사람을 조심하라."라는 일화도 기억에 남는 것이었기에, 이미 『한국현대교육철학』(1996: 599-590)에소개하여 놓았고, 이를 인용하는 편이 좋을 듯하다.

> 내가 수영부에서 주장 대리를 하고 있었을 때의 일이다. 하루는피부가 매우 하얀 30대로 보이는 회사원 한 사람이 수영장을 찾아왔다. 마침 시간이 나서 수영장을 보니 그냥 지나칠 수 없어서 간청하는데 수영 좀 하게 해 줄 수 없겠느냐는 것이었다. 마침 본격적인 연습이 시작되기까지는 시간 여유가 있어 수영을 해도 된다고 허락해 주었다. 그랬더니 준비를 하고 나서 출발대에 올라 함께헤엄치지 않겠느냐는 것이었다. 나는 당시 상급반에 있었고 설마하니 회사원인 그 사람이 나보다 수영을 더 잘하리라고는 생각지 않

았다. 함께 뛰어들어 약 20미터쯤 갔을 무렵에 나는 느긋한 마음으로 뒤를 돌아다보았다. 그러나 아무것도 보이지 않는 것이었다. 그래서 이상하다고 여기면서 슬쩍 좌우를 번갈아 보았다. 역시 나의 시야에 아무것도 들어오는 것이 없었다. 좀 마음이 이상함을 느끼게 되었다. 그래서 이번에는 고개를 들어 전방을 보았다. 그랬더니 이게 어찌 된 일인가. 나보다 앞서서 유유히 가볍게 헤엄치고 있는 것이 아닌가?

결국 이 사건으로 나는 크게 깨달은 바가 있었다. 특히 피부색만 보고서는 상대방의 실력을 알 수 없다는 사실이다. 그래서 나온 말이 "피부가 하얀 사람을 조심하라."라는 것으로, 겉보기만으로 사람을 평가하는 것을 경계하게 되었다. 그러나 이 얘기에는 후속편이 있었는데, 이 역시 책에 쓰인 글을 인용해 보면 다음과 같다.

현역 수영선수 생활을 그만둔 지 10여 년이 될 무렵인데, 물론 나의 피부 색깔도 많이 희게 되어 있었을 때의 일이다. 그런 어느 해 여름, 나의 은사이신 벽계 이인기 박사님과 안양 유원지에 간 일이 있었다. 마침 풀장이 있었는데, 벽계 선생님은 내가 수영을 좋아하는 것을 아시고 수영을 해보라고 권하시는 것이었다. 나는 말씀이 고마워서 준비운동을 신중히 한 후, 물속으로 들어가 쉬는 일 없이 왕복을 몇 번씩 하면서 내가 하고 싶은 만큼 충분한 양의 수영을 하고 올라왔다. 그런데 얼마 있다가 내 앞으로 요란스러운 물소리를 내면서 누가 다가와 큰 소리로 "아니, 어떻게 수영을 그리 잘하시오. 이래 봬도 내가 우리 부대에서는 수영을 제일 잘하기로 소문이 나 있는데, 쉬지도 않고 계속 왔다 갔다 하다니…." 하고 말하는 것이었다. 쳐다보니 얼굴부터 온 몸의 피부가 검게 탄 사람이었다. 나는 그때 마음속으로 "피부가 하얀 사람을 조심하라고 하였지." 하고 되뇌어 보았던 일이 기억난다.

특히 이 두 번째 일화에서는 첨벙첨벙 물소리가 많이 나는 사람일 수록 실속이 없다는 것과 정말로 잘하는 사람은 소리 없이 부드럽게 쭉쭉 헤엄쳐 나간다는 것이다.

요는 "까불지 말자."라는 얘기인데, 내가 이 말에 대하여 특히 관심을 두게 되는 것은 젊은이들에게 주는 교훈도 그러려니와 그것 이상의 의미가 있어서이다. 말할 나위도 없이 젊은이가 실력도 없으면서 까불다가는 속된 표현으로 '국물도 없는 법'이다. 이것은 젊은이들 역시 겸손한 사람이라면 매사에 경계하여 몸조심, 입조심하고 절대 까불어 대려고 하지 않을 것이기 때문이다.

그런데 "까불지 말자."라는 경구(警句)는 나같이 노인에게 있어 지켜야 할 금언(金言)인 줄로 안다. 흔히 노인은 젊었을 때는 '맨손으로 호랑이도 잡았다.'고 뽐내는 수가 있는데, 노인이 주책없이 까불다가는 젊은이들의 반격으로 망신당하기 딱 알맞은 법이다. 노인이란 실력이 드러난 늙은 권투선수와도 같아서, 젊은 도전자의 카운터펀치 한 방으로 녹아웃(K.O.) 당하기 쉬운 것이다. 그러기에 공자도 '후생가외(後生可畏)'라 하여 젊은이들의 능력을 높이 평가했던 것이니, 나같은 노인은 결코 '까불지 말아야' 하는 것이다. 나이 들수록 '겸손 제일'인 것이다.

제23조
단순화하시오

　이 말은 1989년 여름에 지금은 고인이 된 최기철(崔基哲) 당시 서울대 명예교수에게 정년 후의 인생훈(人生訓)을 물었을 때 들은 말이다. 이 말을 듣게 된 상황은 마침 나보다 한 학기 앞서서 정년퇴임을 하게 된 나의 친구인 이웅직(李雄稙) 교수의 정년 축하연에서 한 말씀을 청한 것에 대한 대답이었다. 그러니까 최 교수께서는 내 물음에 단 한 마디 "단순화하시오."라고 했던 것이다. 뒤쫓아 가면서 좀 더 자세한 설명을 들으려 하였는데, 최 교수는 다른 교수들과 악수하고 이곳저곳으로 움직이시니, 더 묻기를 단념할 수밖에 없었다.

　그러나 이 한 마디 "단순화하시오."는 아무래도 은퇴교수가 하신 한 마디이니 깊은 뜻이 있으리라 생각되어 이 '선문답(禪問答)' 같은 화두를 지금껏 소중히 가슴 속에 품어오고 있다.

　'단순화'라면 생각나는 것이 아인슈타인의 경우라 하겠다. 나는 아인슈타인의 전기에도 관심이 있어, 눈에 띄는 족족 읽어 본 적이 있다. 그런데 가장 인상적인 얘기는 젊어서 그가 특허국에 근무했다는 것, 또 특허 서류를 꼼꼼히 읽는 일로 인해 비능률적인 직원으로 여겨졌다는 것이다. 그러나 아인슈타인은 이 특허국에서의 경험을 통해 물리학의 본질을 파악하게 되었다. 즉 특허 신청한 것들에서 알게 되듯이, 기왕의 것보다도 '단순화'해가는 것임을 알게 되었다. 즉 물리학의 본질은 '단순화'에 있으며, 이는 마침내 '상대성 원리'의 발견에 이르게 되었다.

또 하나 '단순화'와 관련해서 생각나는 것은 프랑스 레지스탕스 역사학자인 마르크 블로크(Marc Bloch)의 저서 『역사를 위한 변명 또는 역사가라는 직업』[9]이다. 이 책은 그가 독일 게슈타포에 체포되어 옥중생활을 하던 중 쓴 것인데, 사형 집행으로 그가 예정했던 끝부분은 미완(未完)으로 남았다. 그럼에도 불구하고, 이 책은 큰 의미가 있는 귀중한 작품이다. 우리나라에서도 번역본이 나와 있다(고봉만 역, 한길사, 1979).

내가 이 책을 알게 된 것은 1969년 일본 히로시마대학교 객원교수로 가 있었을 때의 일이다. 마침 내가 히로시마 「아시아문화회관」에 숙소를 정하고 있었을 때, 관장인 사누이 미쓰코(讚井光子) 여사의 망부(亡夫)인 사누이 데쓰오(讚井鉄男, 전 히로시마대학교 교수)가 번역한 책인데 방일(訪日) 기념으로 사누이 관장이 내게 주었다.

여담으로 자기 남편은 세상을 떠난 지 여러 해가 되지만, 출판사에서는 가끔 인세를 꼬박꼬박 보내와서, 마치 하늘나라에서 남편이 보내는 편지를 받는 기분이라고 나에게 얘기한 것이 생각난다. 제때 인세를 지불하는 유명 출판사인 이와나미서점(岩波書店)도 훌륭하거니와, 번역본 자체가 꾸준히 팔리기 때문에 이러한 일도 가능할 것이다. 그만큼 이 책이 꾸준히 읽히고 있다는 것이다. 내가 받은 번역본(『歷史のための弁明－歷史家の仕事』)의 판권을 보니, 1956년 초판에 이어, 1969년 5월 20일 '제14쇄 발행'으로 되어 있다.

나는 여기서 이 책의 내용을 소개하려는 것은 아니다. 그보다 나에

---

9) [편집자주] 마르크 블로크(Marc Bloch: 1886~1944) 고대사 교수의 아들이었던 그는 프랑스 고등사범학교에서 교육받고 가르치면서 라이프치히와 베를린 대학에서 당시 독일학파의 방법론과 연구업적을 접할 수 있었다. 1914년 전쟁이 일어나자 보병 상사로 복무하면서 레지옹 도뇌르 훈장과 십자무공훈장을 받았다. 전쟁이 끝난 뒤 1920년 박사학위를 받았으며, 스트라스부르 대학에서 교편을 잡았다. 1929년 동료인 뤼시앵 페브르와 [경제사회사 연보]를 창간했고 1936년에는 소르본 대학의 경제사 전임강사로 임명되었다. 1939년 군으로 복귀해 1940년 프랑스가 독일에게 항복한 뒤에는 레지스탕스에 가담했고 1944년 붙잡혀 총살형을 당했다. 그의 대표적인 저서로는 『기적을 행하는 왕』, 『프랑스 농촌사의 기본 성격』, 『봉건사회』, 『역사를 위한 변명 또는 역사가라는 직업』 등이 있다.

게 참고가 되는 것은, 저자가 참고할 문헌 하나 없이 대학노트 하나 얻어 거기에 줄거리를 미리 적어 놓고, 본문을 써 내려갔다는 사실이다. 만약 그가 사형당하지 않았더라면, 제2차 세계대전 후 프랑스의 대표적인 학자로서 더욱 큰 명성을 날렸을 터인데 아쉽기만 하다.

그것은 그렇다 치고, 나 자신을 돌이켜 볼 때 과연 나는 이만한 교육학(내 전공이 교육학이니까) 책을 쓸 수 있겠는가 하는 생각이 든다. 책 한 권 없다는 얘기로 치면, 문자 그대로 현재 내 주변에 책이 한 권도 없는 것은 아니지만, 실은 몇 해 전에 나의 장서(藏書) 대부분을 순천향대학교(중앙도서관)에 기증했다. 이 기증은 처남인 김선양 교수가 나서서 주선해 주었는데, 만약 내가 좀 더 여유가 있어서 서고를 별관으로 가질 수 있었다면 기증을 서두르지 않아도 되었을 것이다. 사실 기증한 도서들은 나의 「기초주의」의 이론체계에 따라 살을 붙이는 데 각기 요긴하게 쓰려고 했던 책들이었다. 그러나 내 책을 더는 좁은 공간에 둘 수도 없게 되니, '기증'이라는 제의를 통해 더 많은 사람들에게 내가 갖고 있던 책들이 사랑받을 수 있는 기회를 얻게 된 것으로 위안을 삼는다.

지금의 나는 마르크 블로크의 옥중 상황보다도 몇 배 유리한 상태이기는 하지만 '단순화'되어 있음은 분명하다. 최기철 교수가 나에게 던져주신 "단순화하시오."라는 한 마디는 앞으로도 계속 긍정적인 의미에서 나의 노후 생활에 크게 참고할 생각이다. 마르크 블로크의 극한 상황을 머리에 그리면서, 나는 나대로 "단순화하시오."의 긍정적인 면을 살려볼 생각이다.

제24조

이 세상에 문제가 많은 것은
문제가 되지 않는 것을 문제로 삼기에
문제가 많은 것이다

이것은 내가 학생 시절이었던 1947년 강의 시간에 허현(許鉉: 1903-1964) 교수로부터 들은 말이다. 당시 허현 교수는 덕수궁에서 열리고 있었던 '미소공동위원회'의 1등 통역관으로 가장 바쁘던 때였다. 그래서 강의 개설 후 단 한 번 출강하셨는데 그때 내가 들은 말 중 잊혀지지 않는 명구(名句)가 바로 위의 말이다. 결국 그 강의는 폐강되었으나, 그때 들은 허현 교수의 이 한마디는 나의 뇌리에 깊이 각인되어, 그 후 강의 시간에 이 말을 학생들에게 들려주곤 한다. 그럴 때면 허현 교수가 실력이 매우 탁월한 훌륭하신 분임을 꼭 말해주고 있다. 다른 사람은 한 학기 강의에도 훗날 회상되는 명구가 없는데, 허현 교수는 단 한 시간 강의한 것뿐인데도 이렇게 기억에 남아 되풀이하여 소개되니 대단한 것 아니냐고 힘주어 말하기도 했었다.

아닌 게 아니라 허현 교수가 위대하다는 것은, 그 후 성균관대학교 교육학과 졸업생들이 허현 교수가 학과장이었던 연고도 있어 사후 망우리에 있는 묘소에 일 년에 한 번씩 참배하는 좋은 전통을 세웠다는 것으로도 짐작할 수 있었다. 그뿐만 아니라 허현 교수에게 직접 배우지 않았던 졸업생들 역시 함께 참배케 함으로써 이 참배 행사는 끊이지 않고 있다. 아름다운 얘기가 아니겠는가.

나는 서울대학교 사범대학에 근무하면서, 마침 벽계 이인기(1907-1987) 교수님의 소개로 1954년부터 다년간 강의를 나가게 되었다. 그

때 내 강의를 들은 성균관대학교의 학생으로는 한동일, 이문원, 송병순, 정건영 교수 등이 있다. 그중 허현 교수로부터 가장 가까이서 지도를 받은 사람이 한동일 교수이다. 그는 후에 성균관대 교무처장도 하고 졸업생 중 가장 촉망받게 된 사람이었다.

그가 허현 교수에 관해 나에게 들려준 얘기 가운데 하나가 있다. 허현 교수가 양서(洋書) 서점에 들러 많은 책을 골라 한동일 씨가 그것을 들고 명동 어느 다방에 앉자, 허현 교수가 일차 그 많은 책을 뒤적이고 나서 여러 책은 즉석에서 갖다 버리라고 하였다. 한동일 씨 생각에는 귀한 양서인데 버리기 아까워하니, 허현 교수의 말씀은 그 책들은 수준 이하이니 읽어도 시간 낭비라는 것이었다.

한동일 씨는 결국 허현 교수가 선택한 책들을 얼마 후 각각 물려받게 되어 좋은 공부가 되었다는 것이다. 한동일 씨는 또 허현 교수에게 "선생님께서는 어떻게 그렇게 통역을 잘하십니까?" 했더니, "말하는 사람이 나보다 다 못한 사람이면 말하는 내용을 쉽게 파악할 수 있으니 어렵지 않지." 하시더라는 것이다.

확실히 허현 교수는 명통역을 하신 분이다. 나 역시 똑똑히 본 적이 있다. 아마도 1948년 경이었던 것 같은데, 서울대학교 대강당에서 「민주교육강좌」라고 하여 한·미 양측에서 연사가 나와 각기 민주교육에 관하여 강연한 적이 있다. 안호상, 이호성, 심태진이 한국 연사였고, 미국 측은 남가주대학교 총장을 지냈던 에버설 박사였다. 교육행정학 전공자였고, 당시 서울대 사대에서 강의도 했었다. 통역을 맡은 이가 허현 교수였다.

에버설 박사가 강연을 시작하였는데, 끊지 않고 끝까지 하고 말았다. 이때 옆에서 통역을 맡았던 허현 교수가 잠시 당혹스럽다는 표정을 지으시는 듯이 보였다. 그러나 곧 허현 교수는 에버설 박사에게 몇 마디 강연 요지를 확인하는 듯하더니, 유창하게 에버설 박사의 강연 조로, 또 그만큼의 길이로 통역을 해냈다. 이 장면으로 해서 허현 교수가 명(名) 통역자라는 것을 똑똑히 확인한 셈이다.

그도 그럴 것이 허현 교수는 동경고등사범학교에서 영어교육을 전공하였고, 이어서 미국 에모리(Emory) 대학교와 보스턴대학교 철학과에서 철학과 교육학을 전공한 수학 경력이 있다. 그가 영문으로 쓴 한국 선비에 관한 논문 「「Sunbi」 of Old Korea」는 나도 인용·소개한바 있는데, 그의 근본 태도는 한국 이해를 전제로 하면서 듀이 교육철학에 대한 깊은 이해를 보여주었다.

그는 수많은 글을 남겼다. 「코리아타임스」에 실은 영문 시사평론 또한 많다. 그럼에도 불구하고 「사회생활해설」이라는 40여 쪽의 소책자 이외에는 단독 저서를 남긴 것이 없다. 참으로 애석한 일이다. 이에 한동일 교수가 앞장서서 졸업생 일동이 힘을 모아 낸 책이 『인간의 제4혁명: 허현교수논문집』(1967, 허현교수 논문집간행위원회)이다. 그 후 한 권 더 간행되었다. 나는 이 사실을 아름다운 사제 간의 표시라 하여 높이 평가해 왔다. 허현 교수의 주옥같은 수많은 글 중에서 하나만 인용하면 다음과 같다. 『인간의 제4혁명』이라는 책(225-239) 중 "우리의 교육적 대책"에 나오는 말이다.

> 어떠한 청년이 나에게 "선생님, 한국에서 듀이교육을 하였는데 어찌하여 성공치 못합니까?" 하였다. 나는 말하기를 "한국 교육자들이 듀이를 받아들이고 버리기 때문입니다. 언제 듀이가 한국에다 미국교육을 하라 하였습니까?" 모름지기 한국은 최대한의 자연 급(及) 사회과학을 배움으로써 기술의 사회적 기초를 쌓을 때이다. (238쪽)

이 한마디만 하여도 당시 사상적 혼미상태였던 한국교육학도들에게 귀한 충고가 아니었겠는가. 허현 교수의 명구(名句)인 "세상에 문제가 많은 것은 문제가 되지 않는 것을 문제로 삼기에 문제가 많은 것이다."라는 말을 다시 적어 본다. 나는 8·15 광복을 계기로 본격적으로 교육학자가 되기로 결심하고 오늘날까지 일직선으로 걸어왔다. 내가 '문제'로 삼은 것은, 새로운 한국교육의 이론과 철학을 정립하는 일이었다. 「기초주의」가 그 결과의 결정체이다. 허현 교수의 명구는 도처에서 그때마다 생각해 대처해 가면 큰 보탬이 될 것으로 안다.

제25조

이 세상을 슬기롭게 사는 사람은
누군가 한 눈 뜨고 꿈꾸는 사람일 게다

이 말은 대학로에 있는 「샘터사」 앞에 세워진 장리욱(張利郁, 1895-1983) 박사 흉상 대석(臺石)에 새겨진 명구(名句)이다. 장리욱 박사님은 나의 은사이시다. 국립 서울대학교 사범대학 초대 학장이시고, 제3대 서울 대학교 총장, 흥사단 이사장, 그리고 주미대사를 역임하신 분이시다. 그런데 주미대사로 있던 때 5.16 군사혁명이 일어나자 감연히 사직하 셨다. 민주주의 신봉자로서 군사혁명에 협조할 수 없음을 분명히 하 신 거취였다. 도산 안창호 선생의 직제자인 그다운 처신이었다고 나 는 감복하고 있다. 이런 일을 되새기면서 나는 내 책『한국교육이념 의 연구』(1992, 태극출판사; 개정판 한국학술정보[주], 2005)에 다음 과 같은 '헌사'를 올려 장리욱 선생님의 학덕을 추앙했다.

후덕(厚德)하시고 사리(事理) 밝으시며
역사적 안목(眼目)을 지니신

위대한 스승
장리욱(張利郁: 1895-1983) 박사님
영전(靈前)에

삼가 이 책을 올립니다.

장리욱 박사의 거취로 또 하나 생각나는 일이 있다. 그것은 총장 재임 시, 이승만 대통령은 서울대 장리욱 총장이 흥사단 이사장인 것을 못마땅하게 여겨 문교부장관을 시켜 총장 사임을 종용케 했다. 우남(이승만)과 도산(안창호) 사이가 좋지 않은 오랫동안의 사연이, 장 총장의 사임 문제까지 낳게 된 것이다. 이때 장 총장은 총장 선출은 서울대학교 이사회가 한 것이지 문교부장관이 한 것이 아님을 분명히 하면서 이승만 대통령 소원대로, 결국 이사회에 사표를 내서 끝마무리를 지었다.

장리욱 박사는 컬럼비아대학교에서 수학하였고, 오천석 박사보다 먼저 컬럼비아대학교에 가 있었다. 오 박사 역시 도미 초기에 장리욱 박사 소개로 도산을 뵙게 되고, 깊은 감명을 받았다고 한다. 장 박사와 오 박사와의 인연은, 장 박사가 38선을 넘어 서울에 오자, 당시 미군정 시절의 문교부차관이었던 오 박사는 그를 경성사범학교 초대 교장(1945)으로 임명하였다. 이어서 1946년 국립 서울대학교 사범대학으로 개편되자 초대 학장이 되셨다.

장리욱 박사가 경성사범학교 초대교장으로 임명되자, 당시 학생 몇이 오천석 차관을 찾아와 그 임명의 부당성을 지적·항의하였다고 한다. 장리욱 박사가 8·15 직전 몇 년간을 평양 소재 포드자동차 수리공장의 책임자로 있었다는 것을 트집 잡은 까닭이었다. 그러나 이는 어떤 사연이 있었던 것을 몰라서 한 일이다. 당시 신사 참배 강요에 반대했던 탓으로 장 박사가 선천중학교의 교장 자리를 물러날 수밖에 없었던 것이니 결코 흠이 될 일이 아니었고, 포드자동차 수리공장직은 고육지책(苦肉之策)의 일이었으니 학생들이 몰라서 한 항의였다. 그러기에 오천석 박사의 자서전인 『외로운 성주(城主)』에도 저간의 일에 언급하면서, 항의하는 학생에게 "돌아가서 잘 알아보고 다시 오라."라고 했더니, 그 후 다시는 오지 않았다는 것이다.

사실 서울사대로서는 장리욱 박사와 같이 더할 나위 없는 훌륭한 분을 학장으로 모실 수 있게 된 것이다. 이에 비하면 그 후 뒤를 이어

제2대 학장으로 취임한 고광만(高光萬)은 문제의 인물이었다. 일제시대에 군수를 지냈는데, 군민들에게도 일본어로 말하면서 통역을 내세우는 등 이미 대구사범학교 교장으로 왔을 때부터 평판이 나빴었다. 그런 인물이 장리욱 학장 후임으로 왔으니 대학 전체가 나서서 오랫동안 데모를 하였다. 그래도 뻔뻔스러운 인물이라(본처를 버리고 간호사와 재혼한 자이기도 함) 끈질기게 자리를 지켜냈고, 후에 학장 관사 역시 적산 가옥 매악(賣惡)을 내세워 자기 재산으로 바꿔버렸다.

장리욱 학장은 당시 좌우익 학생 간의 충돌이 심했던 때인데, 강당에서 전교 학생에게 민주주의에 대하여 많은 가르침을 주셨다. 국대안 반대 운동이 한창일 때 좌익 학생들이 강의 시간을 방해했을 때는 혼자서 그 수많은 학생을 내몰아 질서 회복에 힘쓰시기도 하였다. 그때 웃옷을 벗어 던지시고, "이놈들!" 하시면서 밖으로 쫓아간 것인데, 그때 옷을 벗어 던지며 파커 만년필을 분실하셨다는 일화도 남아 있다. 당시 파커 만년필이라는 것은 귀중품이었다. 그만큼 장리욱 학장은 열정적으로 사대 수호에 나서셨다. 우리 역시 「10인회」가 중심이 되어 「죽순회」를 만들고, 회원 100여 명이 되어 좌익의 망동을 결사 막아내어 마침내 서울사대의 안정을 되찾게 할 수 있었다.

"이 세상을 슬기롭게 사는 사람은 누군가 한 눈 뜨고 꿈꾸는 사람일 게다."라는 말씀 속에 들어 있는 장리욱 박사님의 깊은 생각은 헤아릴 길이 없으나, 나는 장 박사님의 행적을 통해서 무언가 알 것만 같아, 인생훈(人生訓)으로서 이 말씀을 「나의 신조 25」의 맨 끝장에 적어 놓기로 했다.

나는 장리욱 박사님을 통하여 학생 시절에 도산을 알게 되었고, 그 후 논문도 여러 편 발표하였다. 더욱이 뜻깊게 여기고 있는 것은 「도산사상연구회」(현 도산학회)의 창립회원이 되었고, 임시의장으로 선출되어 초대임원 선출 사회를 본 바 있다. 부회장 3인 중 한 사람으로 뽑혔고, 김태길 초대회장의 뒤를 이어 제2대 회장으로 선출되기도 하였다. 이 모두 장리욱 박사와의 인연이라 하겠다.

〈별장〉

제1장 나의 인생관(人生觀)

이 글은 십여 년 전에 『기러기』를 위하여 썼던 것인데, 수정 없이 그대로 싣기로 한다. 이러한 제목으로 글을 쓴다는 것은 약간 쑥스러운 감이 있으나 모처럼의 청탁이니 평소 나의 생활신조요, 생활의 기조를 이루고 있는 것이 무엇인가를 살펴보기로 한다.

첫째, 만들어진 것으로부터 만들어지는 것으로

닥쳐오는 고난을 두려워하지 말고, 그것은 나를 한없이 단련시켜준다는 것을 알 것. 우리가 무엇을 하려고 할 때 항상 생각할 일은 비록 보잘것없는 자기 소질이라고 하더라도 그것을 지극히 소중히 여기고 키워가는 것이라고 본다. 자기가 과거에 이룩해 온 것을 되도록 살리려는 궁리가 필요하다. 이리하여 이루어진 것으로부터 새로운 것을 이룩하도록 한다. 자기 소질이나 과거 경험과는 관계없이 닥치는 대로 깊은 사려(思慮) 없이 마구 하면 대개 실패가 뒤따른다는 것은 너무도 당연한 일이다.

또 고난으로 말하면 누구나 원치 않는 바다. 그러나 기왕 겪어야 하는 것이라면 이를 피하려는 소극적인 태도보다는 정공법을 취하는 것이 좋다고 본다. 고난에 대하여 정면으로 감연(敢然)히 대결할 때 도리어 고난 쪽이 꺾이고 고난이 문제가 되지 않음을 가끔 경험하게 된다. 그리고 사실 우리가 고난을 이겨낼 수 있는 유일한 방법은 정공법 이외에는 달리 없다는 것도 알아야 한다. 이를테면 어뢰의 공격을 받은 배가 도저히 그것을 피할 길이 없을 때는 도리어 어뢰를 향하여 정면으로 전속력으로 달릴 때 파도의 힘으로 그것을 옆으로 밀어제쳐 재난을 피할 수 있다는 말이 있다. 어찌 이것뿐이겠는가? 인생에 있어서 어떠한 고난이든 그것을 피하고 극복하는 길은 고난에 대하여 감연히 정면으로 공세를 취하는 것뿐이다.

이 뿐만 아니라 고난은 우리를 그때마다 단련시켜 우리를 성장케 해준다. 고난을 요리조리 피함으로써 연약하고 나태한 인물이 되느니 차라리 고난과 기꺼이 대결함으로써 다면적으로 단련된 심지(心地)가 굳은 인물이 될 수 있다는 사실을 감사히 여겨야 할 것이다. 그러기에 각계각층에서 지도자, 성공한 사람들의 한 가지 공통점은 모두 얼굴이 밝고 이마나 뺨이나 눈에서 광채가 난다는 것인데, 그 역시 수많은 고난과 부대끼는 가운데 단련되어 얼굴이 빛나게 된 것이라고 본다. 이러한 다면적 접촉의 기회, 고난과 대결하게 되는 계기는 자기 성장의 기회이니만큼 우선 한없이 감사히 여겨야 할 것이다.

둘째, 기초로부터 새로운 기초에까지

어떤 경우이든 무리는 통하지 않으며, 모든 것에는 때가 있음을 알 것. 일류급의 인물일수록 그 방면에 있어서 기초를 소중히 여기고 또 가장 높은 수준의 기초가 있다. 그리고 그것에 만족하지 않고 항상 구도자와 같은 심정으로 더욱 높은 경지의 탐구를 게을리하지 않는다. 실로 기초로부터 새로운 기초에까지, 이리하여 그의 수련의 생활은 일생토록 '저 높은 곳을 향하여' 계속된다. 대 문장가가 글 하나에도 더 큰 노력을 기울이는 것은 그만큼 명인달도(名人達道)의 사람들이 추구하는 바 경지가 높고 깊어서이다. 그만큼 기초의 수준이 다르기 때문이다.

모든 일에는 원리·원칙이 있고 정석(定石)이 있기 마련이다. 이것이 기초인데 이것을 무시할 때는 반드시 실패가 뒤따른다. 하물며 무리해 가면서까지 뭔가를 통하게 해 보려는 것은 지나친 단견(短見)이거나 만용(蠻勇)임에 틀림없다. 무슨 일이고 무리라는 것은 통하지 않는다. 잠시는 통하는 것처럼 보일는지 모르나, 결코 영원히 통할 수는 없다. 이것은 인류의 역사가 우리에게 보여주고 있는 값진 교훈이다.

나는 수영선수 생활 10년간의 경험을 통하여 일종의 '물의 철학'을 배웠다. 이른바 노자(老子) 수준의 물의 예찬은 아니지만, '물'은 우리에게 인생에 관한 깊은 지혜를 주고 있다. 물은 확실히 딱딱하지 않다. 언뜻 보기에 아무 힘도 없어 보인다. 그러나 물은 여러 면에서 무서운 힘을 가지고 있음을 우리에게 보여줘 왔다. 출렁이며 자기 고집이 없는 것 같으면서도 물로서의 성격과 일관된 주장성이 보인다.

수영은 물과 대항하는 상태에서 이루어지는 것이 아니라, 물을 한없이 이해해 가는 과정에서, 완전히 나를 물에 내맡기고 경(敬)하는 상황 가운데서 비로소 가능하다. 어찌 수영만이겠는가? 인생이 고해(苦海)라고 하여 바다에 비유된다면 우리는 좀 더 우리가 사는 인간사회를, 그리고 자연계까지 합쳐서 순수하게 이해하고 사랑하고 공경하는 마음씨로, 어떤 상황에도 기초를 무시하지 말고 순리대로 이치에 어긋남이 없게 살아가려고 해야 할 것이다. 무리는 결코 어떠한 경우이든 통하지 않는다는 엄연한 사실을 알고 살아가야 한다. 또한 모든 것에는 대가(代價)가 있다는 것을 잊어서는 안 된다.

셋째, 발전과 통정(統整)의 율동적 자기 전개

오직 끝없는 노력만이 소중하다는 것을 알 것. 내가 사랑하는 말 가운데 '탄력성'이라는 말이 있다. 늙어간다는 것은 결국 신체적으로나 정신적으로나 이 귀중한 탄력성이 감퇴해 가고 마침내는 딱딱하게 굳어지고 만다는 것이다. 경화증(硬化症), 이 얼마나 두려운 말이겠는가. 개인만이 아니다. 한 사회, 한 민족, 한 국가 역시 경화증에 걸려서는 안 될 것이다. 문화적 경화증, 이는 결국 자살행위와도 같다. 따라서 우리는 어떤 상황에도 배우기를 멈추어서는 안 된다.

그런데 단순히 배우는 것만으로는 충분치 않다. 아무리 힘이 들고 귀찮아도 반드시 자기 머리로 생각할 줄 알아야 한다. '학(學)'과 '사(思)'라는 말이 되겠는데, 발전과 통정의 율동적 자기 전개가 필요한 것이다. 이 말의 구체적인 사례는 이루 헤아릴 수 없이 많거니와, 우리가 단순히 발전만을 꾀할 때는 통정을 잃기 쉽고, 너무 이것만을 고수할 때에는 발전이 저해되게 마련이다. 따라서 진정 계속되는 자기 성장은 발전과 통정이 율동적으로 되풀이되는 가운데에 있어서만 가능하다는 것을 잊지 말아야 한다.

　오늘날 교육은 결코 옛날과 같이 일정한 시기의 학교교육이 끝나면 다시 안 하는 것이 아니라, '평생교육'이어야 한다는 것이 상식이다. 따라서 인생의 성공 여부도 누가 일생을 가장 성실하게 끝없는 노력을 거듭하여 자기가 의도하는 바를 향하여 걸었는가의 문제이지, 재래의 국한된 학교교육만 가지고는 말할 수 없다. 이때 소중한 것은 '재질'과 '건강'과 '끈기'라고 하겠다. 이 세 가지는 어느 하나도 결여되어서는 안 된다. 이 세 가지가 출중한 사람이 남보다 뛰어난 사람이요, 인생을 성공리에 이끈 사람이다.

　이상에서 나는 나의 인생관을 크게 세 가지로 나누어 살펴보았다. 그리고 거기에는 복합적인 의미를 지닌 말을 각각 들어 보았는데, 이것은 다시금 '밝은 눈, 찬 머리, 뜨거운 가슴'이라는 나의 좌우명(座右銘)으로 요약할 수 있으리라고 본다. 그리고 내가 머리에 그리는 이상적 인간상은 '멋있는 사람'이요, '현대적 선비'요, '역사적 의식인'이요, '겸손한 능력인'이라고 하겠다.

출전: 『기러기』 77호, 1970년 12월(초출)
　　　『현대인과 기초주의』(세광공사, 1979:23-27쪽; 재록)

제2장 교육학적 자서전(自敍傳)

1. 체험(體驗)의 세계

수영선수 생활 10년을 통하여 얻은 하나의 교훈이 있다. 그것은 '힘 들이는 곳은 하나'라는 것이요, '힘을 뺀다는 것은 힘을 들인다는 것' 이다. 그리고 수영에는 세 가지 요소가 있는데, 부력(浮力), 추진력(推 進力) 및 호흡(呼吸)이 그것이다. 즉 수영하려면 우선 물 위에 뜰 줄 알 아야 한다. 이것도 초심자에겐 그리 쉬운 일이 아니다. 머리가 무겁기 에 머리를 들면 다리 쪽부터 가라앉고, 다리를 뜨게 하려면 머리 쪽부 터 가라앉기 시작하니 우선, 수영은 뜨는 일부터 배워야만 한다. 그러 나 뜨는 것 자체는 나무토막도 뜰 수 있는 것이므로 자랑할 것이 못 된다. 팔과 다리를 써서 앞으로 나가야 수영이 되는 것이다. 영법(泳 法)은 자유형이건 평영이건 배영이건 접영이건 횡영이건 상관없다. 그 런데 여기에도 문제가 있다. 그것은 다름이 아니라 호흡이다. 열심히 팔과 다리를 움직여서 앞으로 헤엄쳐도 얼마 안 가서 숨이 차, 숨을 다시 들이마셔야 한다. 그런데 이것이 그리 쉬운 일이 아니다. 수영을 조금이라도 해 본 사람은 곧 알 수 있을 것이다. 숨을 들여 마시기 위 하여 입을 벌리면 공기보다 물이 먼저 입안에 들어와 혼이 나는 것 말 이다. 게다가 처음 수영을 배우는 사람은 물장구 소리도 요란스럽게 몇 미터 앞으로 헤엄쳐 나가는가 싶더니 이내 조용해지고 만다. 숨을 다시 쉬기 위하여 아예 일어서 있으니 조용할 수밖에 없는 것이다.

어떻든 척추의 한 곳을 중심으로 힘이 모이고 수영의 3요소인 부 력, 추진력 및 호흡이 조화됨으로써 수영을 할 수 있게 된다. 이 3요 소 하나하나가 세련될수록 그리고 이 세 가지가 잘 조화될수록 수영 은 잘하게 마련이다. 세계적인 선수란 곧 이 3요소가 세계 최고로 강 력하며 세련되고 조화된 사람이다. 말로만 한다면 이보다 더 쉬운 말이 또 어디 있겠는가? 그런데 그것이 그리 쉬운 일이 아니다. 나는 수영선수 생활 10년에 이 평범한 사실들을 알게 되었다.

가장 알기 어려웠던 것은 손과 발의 힘을 빼라는 말이었다. 나는 중학 1학년 때 수영반에 들어갔다. 처음으로 수영장에서 헤엄을 치는데 상급생이 하는 말이 "손과 발의 힘을 빼!"라는 호통이었다. 그 후에도 계속 자주 들은 말이다. 전심전력을 다하여 헤엄쳐도 겨우 뜨는 것이 고작인 당시에 상급생 말대로 손이나 발의 힘을 뺐다가는 물속에 가라앉을 형편이었다. 그렇기에 상급생의 그 지시 호통은 도무지 무슨 말인지 알 수가 없었다.

그러나 1년, 2년, 3년 이렇게 하루도 거르지 않고, 이 말을 뇌리(腦裡)에 되새기면서 수영선수 생활을 하고 보니 이치 이전에 몸 쪽에서 먼저 깨달음을 얻게 되었다. 매일 4,000미터 이상의 연습량이 있고 보니 자연스럽게 힘의 배분이 이뤄지기 마련이었다. 꼭 힘을 들여야만 하는 곳 이외에는 소모할 힘도 없었던 것이다.

사실 나는 지금도 생생하게 기억이 되살아나는 일이 있다. 수영생활을 시작한 지 2, 3년 되었을 무렵인 것 같다. 하루는 늦게, 그날만 늦은 것이 아니라 언제나 밤하늘에 별이 반짝일 무렵에 연습이 끝나곤 했지만, 연습이 끝나고 수영장에서 200-300미터까지 갔을 때, 거기가 바로 기숙사 사감실 근처였는데, 어찌나 힘이 없고 배가 고팠던지 우뚝 서서 멍청한 채로 꼼짝 못 하고 있었다. 이때 동기 동창이요, 지금도 같은 대학의 동료로서 친교를 맺고 있는 유전학 전공의 이웅직(李雄稙) 교수가 나타나서 왜 그렇게 서 있느냐고 물었다. 사유를 알게 된 그는 나와 함께 곧 거기서 겨우 수 미터 떨어진 구내식당에 가서 찹쌀떡[아베카와 모치(安倍川餅)] 몇 개씩을 먹었다. 돈 한 푼 없는 당시의 나였다. 떡을 먹고 나니 마치 휘발유 떨어진 차에 주유한 듯이 다시 힘차게 걸어서 귀가할 수 있었다. 이때 있었던 얘기를 우리 집 애들에게 들려주노라면 모두 웃으며 그것은 거짓말이라고 한다. 정말 힘이 하나도 없었으면 어떻게 서 있을 수 있었겠느냐는 것이다. 이때 나는 자신 있게 설명하는 말이 있으니, "얼마나 힘이 없었으면 쓰러질 힘도 없어 그냥 그 자리에 우뚝 서 있기만 하였겠니?"라는 말로 끝을 맺어 보는 것이다.

어떻든 당시 수영 연습은 치열하였고 최후의 힘 한 방울까지도 완전히 소모할 정도였었다. 물론 다음 날에는 그 이상의 새로운 힘이 솟아나곤 했다. 따라서 힘은 쓸수록 늘게 된다는 것도 그때 알게 되었다. 이렇듯 힘의 안배가 문제가 되고 보니 마침내 나는 힘들일 곳과 힘을 뺀다는 일이 무엇인지 알게 되었다.

이것은 스스로 몇 번이고 되풀이하는 연습을 통하여 알게 된 사실이다. "손과 발의 힘을 빼라!"라는 한마디 말속에 수영의 진리가 그대로 담겨 있었다. 10년 걸려서 겨우 알아낸 것이 있다면 '힘들이는 곳은 여럿이 아니라 하나'라는 사실이었다.

때로는 상급생이 원망스럽게도 여겨졌다. 좀 더 친절하게 진작 한마디 이 점을 꼬집어서 가르쳐 주었더라면 얼마나 좋았을까 하고 말이다. 그러나 또 달리 생각하면 스스로 수영을 통하여 깨우친 것이 얼마나 고맙고 소중한지 모른다.

2. 논리(論理)의 세계

수영선수 생활은 학부 3학년을 마지막으로 그만두었다. 그것은 마침 1948년 런던 올림픽대회에 파견되는 정선수의 한 명으로 선발된 해이기도 하다. 결국, 우리 수영선수가 올림픽 대회에 참가하게 되는 것은 그다음인 로마대회 때부터였으니 당시 선발된 우리 한국 수영팀은 끝끝내 후보 선수로 끝나고 만 셈이다. 그래도 때로는 나 자신이 대견스럽게 여겨지기도 한다. 도대체 나처럼 재간 없고 운동신경이 둔한 사람이 올림픽 선수 후보였다니 말이다. 이것은 우리 집사람 역시 도대체 믿어지지 않는 일이라고 애들 앞에서 서슴지 않고 공언(公言)

하고 있다. 더욱이 물 위에 정말 뜨는지 알 수가 없는 일이라고도 한다. 그럴 것이 내가 수영하는 것을 결혼 후 한 번도 본 적이 없으니 무리도 아니다.

그러던 중 느닷없이 대한수영연맹 이사로 선출되어 여러 해 관계하는 일이 생겼다. 더욱이 지도이사라 하여 상임이사의 한 사람이 되었고, 뮌헨 올림픽대회 때에는 이에 앞서 수영선수 전지 강화훈련을 위해 선수들을 이끌고 감독이라는 자격으로 일본 히로시마(廣島)에 있는 후지타 돌핀(藤田ドルピン) 스위밍 클럽에 한 달 동안 가 있은 적도 있다. 다시금 곧이어서 일본 실내 수영선수권대회 참가를 위하여 선수들을 이끌고 재차 다녀오기도 하였다. 그뿐만 아니라 동 대회에서 조오련 선수가 400미터 자유형 경기에서 우승, 선수권을 획득하였으니 일차 수영 감독으로서의 면목은 세울 수 있었다고 안도의 숨을 내쉰 적도 있고….

그런데 당시 가장 놀란 사람들은 우리 대학 안에서도 그랬거니와 특히 히로시마대학의 교육학부 교수들이었다. 왜냐하면 내가 그보다 1년 전까지만 하여도 객원교수로 교육학 연구차 그곳에 있었고 또 요청에 따라 대학원 학생들에게 정식으로 교육학의 집중강의를 했던 적도 있었기 때문이다. 그러니 나를 전부터 알고 이미 10여 년을 사귀어온 우츠미 이와오(内海嚴) 교수 같은 분도 내가 수영 감독으로 히로시마에 왔다는 것을 신문 지상을 통해 알게 되자, 만났을 때는 인사가 대단하였다.

어떻게 보면 자기 전공에 촌분(寸分)을 아껴 써야 할 현역 학자가 외도도 이만저만이지 어쩌자고 수영 감독으로 외국까지 나오게 되었느냐는 의문을 가질 것임에 틀림없었다. 더욱이 그것을 노골적으로 물을 수도 없었던지 그저 한다는 말이 '놀랄 일'이라는 말뿐이었다.

사실 나도 여러 말로 변명할 생각은 없었다. 그저 웃을 따름이었다. 나 역시 연구실을 떠나 한 달 동안이나 아침 4시 반부터 일어나 5시에는 선수들을 수영장에 데리고 가 연습을 시키고, 하루에 세 차례 밤까지 연습하는 것을 지켜보고 또 그것이 끝난 뒤에도 그곳 수영인들과 인간적으로 가까이하는 노력을 게을리하지 않는, 이리하여 정말 하루에 서너 시간 밖에 잠도 자지 못하고, 어떻게 보면 선수 당사자들보다 육체적으로나 정신적으로 더 고된 생활의 연속이기도 하였다.

그러면 왜 나는 그것을 맡았던 것일까? 물론 사무적이며 형식상으로는 내가 전지훈련의 감독으로 선출되었으니까 가게 된 것만은 사실이다. 그러나 한편 나 스스로 이에 응한 이유가 두 가지 있었다. 하나는 수영인으로서 의무감에서였다. 그러나 좀 더 정확히 말해서, 수영인이라면 누구나 느끼는 향수가 있다. 애당초 수영연맹의 이사가 되었다는 것부터가 그 옛날 어렸을 때부터 수영인으로 자라났기에, 수영연맹에 관여하는 것은 마치 동창회에 참가하는 것과 같은 자연스러움이 있었다. 그렇게 해서 인연을 맺은 수영연맹이고 보면, 비록 시간은 없으나 앞으로 다시 할 일도 아닌데 한 번만 갔다 오는 것은 나 자신에게 봉사하는 일도 되는 것이기도 하여 기꺼이 감독의 임무를 수락했던 것이다.

또 하나의 이유는 비록 한 달이라고는 하지만 나 역시 현역인 학자의 한 사람으로서 잠시 연구 생활을 중단한 채 밖으로 나오는 데는 스스로 납득할 수 있을 만한 학문적 명분이 있어야 한다. 그것은 다름이 아니라 나 자신이 명명·제창하여 당시 이미 어느 정도 교육학계에 상당히 알려졌으며 또한 크게 호의적으로 받아들여지고 있던 '기초주의(基礎主義)'를 하나의 원리요, 이론이요, 사상이며 교육철학인 나의 생각을 올림픽 후보 선수와 같은 일류선수들의 체험을 통하여 다시 한번 검증했으면 하는 바람에서였다.

내가 생각하기에도 히로시마 전지강화훈련 기간인 한 달만큼 모든 것을 잊고 오직 전심전력을 다 하여 수영선수들의 뒷바라지만 한 적도 없는 것 같다. 이것은 무슨 공치사를 하자는 뜻에서가 아니라, 수영인이면 누구나 자기들의 후배를 위해서 당연히 할 일을 나 역시 성심성의껏 했음을 말할 뿐이다.

나는 여태까지 살아오는 가운데 입술이 부르튼 적이 두 번 있다. 한 번은 1965년에 간행된 『교육사』 집필 당시로, 이때는 출판사 요청에 따라 부득이 단시일 내에 완성해야만 했기에 하루 세 시간만 자고 계속 집필하는 생활을 한 달 이상 거듭한 적이 있다. 그 결과 과로로 입술이 부르텄다. 그때 나는 앞으로는 이런 바보스러운 일은 하지 않으리라고 마음 깊이 다짐하였다. 사실 나는 지금까지도 정말 철야(徹夜)한 경험이 없다. 우리 집 애들만 하여도 시험 전날 철야하는 것이 예사인 듯한데 나는 그렇게 못 할 것만 같다.

또 한 번은 수영 감독을 할 때이다. 히로시마에 온 지 닷새도 못 되어 입술이 튼 것을 아침 면도할 때 비로소 알고 놀랐다. 겉으로는 웃고 아무렇지도 않은 것처럼 처신해 왔으나, 갑자기 환경이 달라지고 선수들 돌보랴, 새로 만나는 그곳 수영 인사들과의 관계 유지하는 등 등해서 심신이 극도로 긴장되고 이미 과로에 빠져 있었음이 틀림없었다. 어떻든 지금 생각해 보아도 나는 히로시마에서 수영 감독 생활 한 달을 정말 동분서주(東奔西走)하면서 있는 힘을 다했던 기억을 갖고 있다. 그러므로 조금도 후회되는 일은 없다.

앞서 말한 일본 실내 수영선수권대회에서도 좋은 성과를 거둘 수 있었던 나는 다시 연구실로 돌아왔다. 여기에 하나 부기(附記)할 얘기가 있다. 내가 조오련 선수에게 가르쳐 준 것이 여러 가지 있었지만, 특히 그중에서도 다음 두 가지를 들 수 있다. 하나는 수영에서 나 자신이 터득하여 발전시킨 나의 교육철학인 기초주의에 관해서이다. 이것은 「한국교육이념의 구조도」를 보임으로써 논평을 구했던 일이요, 결국 그는 이에 동조를 표시한 바 있다. 또 하나는 일본인이면 어려서부터 읽고 들어서 잘 아는 강담물(講談物)의 하나인 「관에이 삼마술(寬永三馬術)」에 얽힌 얘기를 해 줌으로써 선수권 대회에서는 무슨 일이 있더라도 꼭 우승해야 한다고 일러 주었던 것이다. 그는 이것을 그대로 실천하여 내 마음을 놓게 하였다. 귀국 후 얼마 있다가 열린 리셉션 석상에서 조오련 선수는 유독 이 얘기가 가장 도움이 되었다고 새삼 일깨워 주었다. 나 역시 이 말을 듣고 한없이 기뻤다.

「관에이 삼마술」 이야기의 줄거리는 이렇다. 도쿠가와 막부(德川幕府)의 마술(馬術) 사범인 야규 다지마노가미(柳生但馬守=야규 무네노리柳生宗矩) 저택에 시골에서 말 잘 타는 한 젊은이가 자기 신분을 숨기고 머슴으로 들어온다. 그리고 말에 대해서는 근처에도 가 본 적도 없다고 한다. 글자 하나 못 읽는, 무식하며 어딘가 모자라는 일꾼으로 보이게 한다. 마술의 비전(秘傳)이 적힌 두루마리를 청소할 때 먼지떨이로 잘못 쳐 떨어뜨린 척하고 슬쩍 읽어 보다가 주인이 들어와 그저 실수였던 양 제자리에 놓은 적도 있다. 그러던 중 전국 마술 대회가 열리게 된다. 이때 머슴도 출전하겠다고 나선다. 주인은 놀랐으나 그가 자기 이상의 기량을 지녔을 줄은 모른다. 마침내 마술 대회에서 주인인 야규 사범을 누르고 젊은 무명의 머슴이 우승하게 된다.

이 얘기를 들려준 까닭을 조오련 선수는 즉석에서 알아차렸다. 연습 때마다 그는 같은 자유형의 이다(飯田) 선수보다 뒤떨어지곤 했었다. 고의적으로 그랬다고만은 말할 수 없을 것 같다. 그러나 나는 말했다. 연습 때 번번이 지는 것은 상관없다. 그리고 여기가 자기 나라가 아니라는 것도 알아야 한다. 영영 지고만 가면 그것은 문제이다. 단 한 번 이길 때가 있으니 그것을 잊지 말라고 나는 힘주어 짧게 한마디 하였다. 이심전심(以心傳心), 결국 그는 대회에서 우승했다. 그 역시 이 '마술(馬術)에 관한 얘기'가 가장 도움이 되었다고 하였다. 이제는 다시 수영 감독 생활을 할 까닭이 없겠지만, 이 말을 들을 때 학자 생활을 하는 사람의 운동 감독도 아주 무의미한 것만은 아닌 것 같다는 생각이 들었다.

그런데 다시 연구실에 돌아와 학구생활을 하고 보니 놀랄 일이 생겼다. 수영 감독으로 일본으로 가게 되면서 약 400매 길이로 쓰던 논문을 중간쯤에 붓을 놓고 갈 수밖에 없었는데, 이제 그것을 계속 써보려고 하였더니 의외로 붓이 나가지 않는 것이었다. 결국, 그 논문은 끝끝내 전체 구상대로는 완결짓지 못하고 다시 논문 제목을 변경, 축소한 내용으로 발표한 적이 있다. 연구 생활이 전과 같이 정상적인 능률을 올리고 다시 본궤도에 올랐다고 느끼게 되기까지 약 반년이 걸렸던 것으로 알고 있다.

그러고 보니 학문의 세계도 마치 용광로와 같아서 일단 타오르던 불이 꺼져 그것을 다시 피어나게 하는 데는 상당한 시일을 요하는가 보다. 한 달 동안 연구 생활이 중단되었는데 그것을 회복하는 데 반년이 걸린다고 하면, 1년 또는 2년, 아니 수년간을 외도한 끝에 연구실에 돌아온다고 하면 과연 연구 생활을 본궤도에 올리는 데까지 얼마나 시간이 걸릴지 모르겠다는 것을 그때 나는 직감(直感)하였다.

3. 기초주의(基礎主義)의 구조

6.25 때, 나는 해군사관학교 및 해군종합학교에서 교육학과 심리학을 가르치는 교관 자격으로 친구 이민원(李敏遠) 씨와 함께 진해를 목적지 삼아 서울을 떠나게 되었다.

천신만고 불편한 교통기관을 이용하여 창원까지 왔다. 주막집 주인에게 식사가 끝난 후 진해가 어느 쪽이냐고 방향을 물었다. 주인은 친절하게 남쪽 산봉우리 바위가 묘하게 생긴 천왕봉 쪽 아래라고 하였다. 그래서 우리는 걷기 시작하였다. 직선으로 걸었다. 논이 있고 개울이 있고 산이 있어도 계속 직선으로 걸었다. 직선으로 걷지 않으면 방향을 잃을 터이니 말이다. 결국 우리가 한참 그렇게 걷고 난 후에 알게 된 것은 산 능선 위에 서 있다는 사실이었다. 아래를 굽어보니 성냥갑 크기의 군용 트럭이 달리고 있었다. 나중에 알았지만 마진(馬鎭)터널이 보였다. 우리는 아래로 내려와 터널을 지나 마침내 진해에 들어갈 수 있었다.

이것은 만 20세 때 해방과 더불어, 그보다 앞서 8년간 경성사범학교에서 교육학을 해 온 것까지 살린다는 자각 아래 교육학연구 오직

한 길을 직선으로 걸어온 나를 다시금 생생한 체험적 교훈으로서 뒷받침해주는 일이기도 하다. 그러기에 요즈음은 어쩌다 학생들이 학문하는 마음가짐을 위해서 무슨 얘기를 하나 해 달라고 하면, 때로 전에 진해를 찾아가기 위해서 논이니 밭이니 개울이니 산이니 가리지 않고 직선으로 걸었던 얘기를 해 준다.

교육학, 그중에서도 교육사교육철학을 연구하는 가운데 뼈저리게 느끼게 된 것이 있다. 언제까지나 남의 학설 소개만으로 그칠 것이 아니라 이제는 진정 자기 목소리를 들려주어야 할 것이 아닌가? 자고로 교수를 의미하는 '프로페서(professor)'란 자기 학설을 주장하는 사람이라는 뜻이다. 또한 남의 학설을 바르게 알기 위해서도 일차로 자기 생각의 정립이 요청되는 것만은 사실이다.

더욱이 우리가 살고 있는 현대는 인류사상 유례없는 규모의 격동기요, 전환기임이 틀림없다. 그중에서도 나의 조국인 한국의 역사적 상황성은 바로 여기에 새로운 문화와 사상의 창조를 가능케 하는 최적의 여건을 지녔다고 하리라. 나의 교육철학이라고 감히 말할 수 있는 '기초주의'는 바로 이와 같은 상황 가운데서 명명(命名)되었고(1957), 제창(提唱)하였으며(1966), 정립(定立)되어가고(1973~) 있다.

'교육학적 자서전(自敍傳)'이란 내가 담당하고 있는 「교육학개론」을 듣는 학생들에게 제일 먼저 내주는 과제명이다. 여러분들이 40세 불혹(不惑)이나 50세 지천명(知天命)의 나이가 되면 한번은 써 봐야 할 것을 미리 연습하는 것이니 다른 생각 하지 말고 써보라고 하던 나 자신도 실은 한 번도 써 본 적이 없었다. 교수 수상록이라 하여 일문(一文)의 청탁을 받고 보니 학생들에게 과하던 바로 그 제목으로 몇 자 적어 보았다. 자기 폭로적인 글인 교육학적 자서전은 언제 쓰더라도 그저 쑥스럽기만 할 것 같다.

* 출전: 『현대인과 기초주의』(세광공사, 1979:27-37쪽)

제3장 '기초주의' 교육철학의 해외 소개

1980년 가을 나는 일본 교육철학회 초청으로 「기초주의(基礎主義)의 구조」라는 연제로 특별강연을 할 기회가 있었다. 이것은 이 학회가 해마다 연차대회에서 외국인 학자를 초빙하여 특별강연을 하게 하는 관례가 있어, 그해에는 나에게 기회가 주어진 것이다. 여태까지는 독일 계통을 위시한 구미교육철학자만이 초빙되었던 것이 사실이다.

나에게 있어서는 자기 교육철학인 '기초주의'에 대하여 발표할 기회가 주어졌으니 여간 흐뭇한 일이 아니었다. 아닌 게 아니라 그날 강연을 계기로 당시 일본의 게이오대학(慶應大學) 교육철학 교수이며, 일독교육협회(日獨敎育協會) 회장이었던 무라이 미노루(村井實) 박사와 가까워질 기회가 생겼다.

강연 다음 날 아침 무라이 교수로부터 나의 숙소에 전화가 왔다. 독창적인 자기 철학을 내가 말한 사실에 적잖이 충격을 받았다는 것이다. 그리고 일독교육협회 이사들의 긴급결의로 이사회 이름으로 저녁 식사를 초대하려하는데 사정이 어떠냐는 것이었다. 또 거기에 덧붙이기를 실은 독일 측 회장인 보르노 교수가 일본에 와 있어 초대인사로 되어 있는데 한기언 교수도 참석해주면 자기들로서는 더욱 유익하겠다는 것이었다. 나 또한 다른 예정이 있었던 것이 아니었기에 영광이라고 하면서 참석하기로 하였다.

뉴 오타니 호텔 샤브샤브 전문점에서 회식을 하게 되었다. 끝날 무렵 기념이 된다고 하여 요세가키(寄せ書き)를 하기로 하였다. 서로 사인한 시키시(色紙)를 한 장씩 나누어 가졌다. 가는 길에 무라이 회장을 선두로 임원 일동과 2차까지 하고 헤어졌다.

이런 일들이 어떻게 보면 '기초주의'라는 나의 교육철학이 해외에서 감명을 불러일으킬 수 있었다는 증좌로 여겨져서, 나는 그날 회식 초청의 의의를 결코 가볍게 생각할 수가 없었다.

생각건대 내가 새로운 교육철학으로서 '기초주의'를 창안케 된 것은 지금으로부터 30여 년 전인 1957년 가을의 일이다. 당시 나는 서울대학교 조교수 시절이요, 마침 그해 미국무성 초청 교환교수로 컬럼비아대학교에 있던 때였다. 기초주의를 창안하던 당시의 심회(心懷)를 나는 『기초주의』(1973) 서문에 다음과 같이 쓴 적이 있다.

> '교육학의 메카'라고 일컬어져 온 컬럼비아대학교에 교육사교육철학 전공을 위하여 떠나게 된 당시 나의 최대의 학문적 과제는 어떻게 기성교육철학의 조술(祖述)에서 벗어나 과연 새로운 한국교육철학이 될 만한 것을 상도(想到)할 수는 없겠느냐는 것이었다. 당시 나는 이미 모교에서 수년동안 '현대교육사조'의 강의를 해 옴으로써 현대교육철학의 여러 계보에 접해 왔거니와, 그러니만큼 나의 학적 관심은 더욱더 새로운 교육철학을 정립하는 데 있었다. 결국 나의 어렴풋한 생각, 그러나 아무리 생각해 보아도 이렇게밖에는 말할 수 없겠다는 나의 교육철학적 상념(想念)을 이름 지어 '기초주의'라고 했던 것이다. 이것이 1957년 가을의 일이었다. 몇 번이고 종이 위에 새로 이름 지은 나의 교육철학의 이름인 '기초주의(基礎主義)'를 써 보고 또 써 보았다. 그 후 나는 조심스럽게 이 이름과 함께 그 구체적인 내용을 문자화해 보기로 하였다. 「한국교육의 학적 기대(基臺) 비판」(1958)에서 처음으로 '기초주의'라는 말을 써 보았고, 1966년에 이르러 비로소 「기초주의의 제창: 전통과 개혁의 조화를 통한 인간형성의 논리 서장」이라는 일문(一文)을 발표함에 이르렀다.

이것은 기초주의 교육철학 창안 전후의 신변적 상황 서술이기도 한 것이다. 기초주의가 학계의 공인을 얻게 된 것은 1966년의 일이다. 당시 소장 교육학자들의 모임이었던 '목요회'에 초청되어 강연한 데서부터이다. 나는 이를테면 미국에는 미국인의 철학인 프래그머티즘이 있듯이 우리도 새로운 한국인의 철학이 있어야겠다는 하나의 엄청난 소원에서 을유광복 이래로, 특히 1957년부터 본격적으로 기초주의를 연구해 왔다.

나는 그간 『한국교육의 이념』(1968)을 비롯하여 기초주의에 관한 수많은 저서와 논문을 저술·간행하여 왔다. 『기초주의』(1973)니 『현대인과 기초주의』(1979)라든가 "기초주의의 구조"(1984), "멋의 논리와 기초주의의 의미"(1985), 그리고 서울대학교 출판부에서 간행한 『한국인의 교육철학』(1988)은 기초주의 교육철학이 무엇인가를 체계적으로 논술한 것이라 하겠다.

이 짧은 글 속에 이렇게 적지 않은 수효의 논문과 저서에 관하여 말하는 까닭은 무엇이겠는가? 그것은 다름 아니라 교육학을 평생 과업으로 삼아 온 나 자신이 지녔던 하나의 생각, 하나의 신념, 하나의 교육학적 신조가 하나의 씨앗에서 점차 뿌리를 내려 싹이 나고 가지가 돋고 잎이 나와 30여 년의 세월이 지나 큰 나무로 현실화하여 이제 눈에 보이는 가시계(可視界)에 들어온 사실을 나 자신의 약간의 감회를 섞어 제시하기 위해서다. 그것도 이번 특집 「기적을 낳는 신념」이라는 표제에 맞추기 위해서 자기 자신의 얘기를 써야 한다기에 여기까지 이르게 되었다.

기초주의에서는 '기초'를 강조한다. 이것은 바둑으로 치면 정석(定石)을 뜻하는 것이기도 하다. 모든 것에는 기초가 있다. 진리라는 말로 옮겨 보아도 좋다. 그런데 이 진리인 기초를 무시할 때 크고 작은 사고들이 일어난다. 반대로 기초, 즉 진리를 따라 할 때 모든 일이 순조롭게 이루어지기 마련이다. 그러기에 선진국과 후진국의 차이는 기초, 즉 '진리의 차이'이기도 하다. 우리가 진정 선진국이 되기 위해서는 진리를 뜻하는 기초에 있어 다른 나라보다 월등히 앞서 있어야 한다고 본다.

이 기초주의에 대하여 현재 한국교육학회 교육철학연구회 회장으로 있는 박선영 박사는 일찍이 1977년 "불교사상에서 본 기초주의"라는 논문에서 다음과 같이 논평한 바 있다. "그러나 하나의 독립된 철학적 체계를 갖추고 나타난 것은 한기언의 '기초주의'가 한국 신교육사상 처음이라고 생각된다."라고.

　나는 이 말에 힘입어 더욱더 큰 학적 열매를 맺는 기적을 낳고자 오늘도 쉬지 않고 교육철학적 사색을 계속하고 있다.

* 출전: 잡지『성공』(특집호)「기적을 낳는 신념」(1989: 초출),『상황과 기초: 구상 교육철학으로서의 기초주의』(서울대학교출판부, 1990: 서문, 재록)

◉ 지은이 ◉

한기언(韓基彦) 서울대 사범대학 졸업(문학사)
서울대 대학원 교육학과 졸업(문학석사)
서울대 대학원 교육학과(문학박사)
서울대 사범대 교수, 한국교육학회 회장 역임
서울대학교 교육학과 명예교수
기초주의연구원 명예원장

주요 저서
『상황과 기초-구상교육철학으로서의 기초주의』, 『한국교육이념의 연구』,
『교사의 철학』, 『한국현대교육철학』, 『한국사상과 교육』, 『동양사상과 교육』,
『기초주의 교육학』, 『서울대학교의 정신』, 『대학의 이념』, 『21세기 한국의
교육학』 외 다수

◉ 엮은이 ◉

한용진(韓龍震) 고려대 사범대학 졸업(문학사)
고려대 대학원 교육학과(문학석사, 교육학박사)
고려대 교육학과 교수(1996-현재)
전) 고려대 평생교육원장, 고려대 사범대학장 겸 교육대학원장
한국교육사학회 회장 및 한국일본교육학회장 역임
현) 기초주의연구원장

주요 저서
『근대 이후 일본의 교육』, 『근대 한국 고등교육 연구』, 『동아시아 근대교육
사상가론』(공저), 『일본의 지역교육력 이해와 실제』(공저) 외 다수

나의 교육신조 25

초판인쇄 2020년 1월 19일
초판발행 2020년 1월 19일

지은이 한기언
엮은이 한용진
펴낸이 채종준
펴낸곳 한국학술정보㈜
주소 경기도 파주시 회동길 230(문발동)
전화 031) 908-3181(대표)
팩스 031) 908-3189
홈페이지 http://ebook.kstudy.com
전자우편 출판사업부 publish@kstudy.com
등록 제일산-115호(2000. 6. 19)

ISBN 978-89-268-9778-2 94370